Kurt Tepperwein

Selbstheilungskräfte aktivieren

Kurt Tepperwein

Selbstheilungskräfte aktivieren

Gesundheit durch richtiges Denken

Die hier vorgestellten Informationen sind nach bestem Wissen und Gewissen geprüft. wir übernehmen keinerlei Haftung für Schäden irgendeiner Art, die sich direkt oder indirekt aus dem Gebrauch der hier vorgestellten Anwendungen ergeben. Bitte nehmen Sie bei ernsthaften Beschwerden professionelle Diagnose und Therapie durch ärztliche und naturheilkundliche Hilfe in Anspruch.

Originalausgabe September 2006
© 2006 Wilhelm Goldmann Verlag, München,
in der Verlagsgruppe Random House GmbH

Sonderauflage 2017 © by IAW Anstalt, Vaduz
www.iadw.com

ISBN: 978-3-7460-0921-6

Die Deutsche Nationalbibliothek verzeichnet diese Publikation
in der Deutschen Nationalbibliografie; detaillierte bibliografische Daten
sind im Internet über www.dnb.de abrufbar.

Umschlaggestaltung: www.layART.li
Umschlagmotiv: ©fotolia.com/grgroup

Herstellung und Verlag: BoD – Books on Demand, Norderstedt
Made in Germany

Internationale Akademie der Wissenschaften (IAW) Anstalt, FL-9490 Vaduz
Tel. +423/233 12 12, Fax +423/233 12 14

Inhalt

Ein heilsames Vorwort

Unser Geist erschafft
buchstäblich unseren Körper.

Candace Pert

Das vorliegende Buch – *Selbstheilungskräfte aktivieren* –
folgt auf das im gleichen Verlag erschienene Buch *Gesund*
für immer. War der Vorgängerband sehr körperorientiert,
so stehen in diesem Band Seele, Geist und Bewusstsein
als Kräfte der Selbstheilung im Mittelpunkt. Heilung
will letztlich Seelenheil, unser tägliches Glück – aber
nicht nur für uns selbst, sondern für alle Wesen. Das
Buch ist thematisch in sich geschlossen und bedarf zu
seinem Verständnis nicht des Vorgängerbandes. Wenn
Ihnen aber die körperliche Ebene der Heilung hier zu
kurz zu kommen scheint, dann lege ich Ihnen mein
Buch *Gesund für immer* sehr ans Herz.

Schulmedizin und Wissenschaft tun sich immer noch
schwer mit Begriffen wie »Heilung«, »Selbstheilung«,
»heil sein«, »Seelenheil« – dort spricht man lieber von
»Salutogenese«. *Heilung* ist ein sehr erhabener und groß-
herziger Begriff: Er geht weit über den Horizont der
Schulmedizin hinaus, ist ganzheitlich und holistisch
wie kaum ein anderer in unserer Sprache. Ein Beispiel:
Wir haben durchaus eine Vorstellung vom Inhalt solcher Begriffe wie: die Heilung einer Familie, die Hei-

lung einer Beziehung, die Heilung der Menschheit, sogar die Heilung des Planten Erde. Für die Schulmedizin sind solche Themen aber völlig außerhalb ihres Horizonts und nicht begreifbar. Der Horizont der Schulmedizin ist der Körper mit seinen Organen und inneren Funktionen bis hin zur Haut und nicht weiter. Auf diesem Gebiet hat sie Großartiges geleistet und viel zu unserem Verständnis der Körperfunktionen beigetragen.

Schulmedizin repariert. Das kann in manchen Situationen lebensrettend sein, in vielen Situationen eine große Linderung bei aktuellen Schmerzen verschaffen. Aber heilt Schulmedizin wirklich und nachhaltig? Ist die Heilung überhaupt ihr Anliegen, oder geht es nicht in den meisten Fällen darum, einen Menschen für den Arbeitsprozess wieder »funktionsfähig« zu machen? Das Resultat der Reparaturmedizin ist oft nicht mehr, als dass der Patient in einem »krankhaften Alltag« wieder normal funktioniert. Kann das nachhaltige Heilung sein?

Heilung findet da statt, wo Schulmedizin mit ihrem Horizont nicht hinreicht. Allein der Begriff »Selbstheilung« ist für die Schulmedizin schwer zu greifen. Hier wird die Rolle des Immunsystems zwar immer mehr gewürdigt (die Psychoneuroimmunologie ist überhaupt erst eine junge Disziplin), und doch bleibt das mechanische Denken der Schulmedizin gleich: Als gelte es, das Immunsystem mit geeigneten Mitteln funktionsgerecht zu »reparieren«.

Selbstheilung geht aber davon aus, dass nichts von außen repariert wird, sondern dass sich die Heilung von innen selbst vollzieht. Hierin unterscheidet sich die alte mechanistische Philosophie von einer echten Lebensphilosophie: **Leben heilt sich in allen seinen Erscheinungsformen von selbst.** Die Mechanik einer defekten Uhr kann sich nicht selbst reparieren, doch die Verletzung der Haut heilt sich von selbst. Das ist Leben. Und alles kann sich nur selbst heilen, wenn es einen »heilen inneren Kern« hat, der immer danach strebt, Verletzungen zu heilen, das Ganze heil zu halten (wobei »heil« ein anderes Wort für »ganz« ist).

Die Selbstheilungskräfte aktivieren heißt so verstanden, sich des inneren heilsamen Kerns bewusst zu werden (das ist das Hauptthema dieses Buches) und alles zu beseitigen, was diesen inneren Selbstheilungskräften im Wege steht, was sie blockiert. **Der heile Kern ist die Seele, das Bewusstsein.** Gerade bei den heutigen »Kopf-Menschen«, die von der »modernen Wissenschaft« geprägt sind (sie ist schon seit über hundert Jahren überholt), fehlt oft der Zugang zur Tiefe der Seele, zur Verzauberung der Welt, zur Mystik und Spiritualität des Lebens.

Doch auch die Wissenschaft öffnet sich für neue Perspektiven, auch hier wirken »Selbstheilungskräfte«. Gerade die Quantenphysik revolutioniert seit hundert Jahren das Denken der Wissenschaft und hat selbst viele Impulse für das Verstehen so unglaublicher Phänomene wie Fernheilung gegeben: Für die Übertragung von Energien spielen Raum und Zeit keine Rolle. Die Quantenphysik erkennt das unendliche Potenzial des HIER (Raum) und JETZT (Zeit), sie verweist auf die Macht des

Geistes und liefert uns eine völlig neue Sicht dessen, was »Realität« wirklich ist: eine *Möglichkeit* unseres Geistes. Alles kann zur Realität werden, was für unseren Geist möglich ist. Auch und gerade Heilung.

Wer Geist- oder Fernheilung grundsätzlich ausschließt, ist wissenschaftlich noch nicht einmal im letzten Jahrhundert angekommen, lebt mental noch in der Vorzeit der Quantenphysik. Vielleicht haben wir in Deutschland auch ein spezielles Problem mit dem Begriff »Heil«. Hier werden heilsame Konzepte schnell zur »Heilslehre« stigmatisiert und verdammt. Man braucht einer Idee nur das Etikett »Heilslehre« anzuheften, schon setzt die Verteuflung ein, schon werden Ideen, Heilmethoden, Menschen ausgegrenzt.

Doch genau das sind typisch krankhafte Mechanismen: abspalten, ausgrenzen, verdrängen, verteufeln, verbannen, vernichten. Gerade diese Mechanismen gilt es zu heilen! Dazu gehört sicherlich auch, diesen tiefsinnigen Begriff der Heilung in der Sprache selbst wieder zu heilen, ihn in seiner ganzen spirituellen Bedeutung wieder erstehen zu lassen. Ich würde mich freuen, wenn dieses Buch einen Beitrag zu einem solchen Heilungsprozess leisten kann.

Aber vor allen Dingen geht es um Sie! Seien Sie sich bewusst: Heilung ist möglich, wenn Sie sich dafür entscheiden. Heilung ist möglich, wenn Sie Ihren inneren Selbstheilungskräften den Raum zur Wirkung geben. Heilung ist möglich, wenn Sie Heilung geschehen lassen können. Gewiss: Dazu bedarf es eines grenzenlosen Vertrauens ins Leben. Aber genau darum geht es! **Ver-**

trauen ins Leben ist eine der großen Selbstheilungskräfte, die es zu aktivieren gilt.

Der große amerikanische Zukunftsforscher John Naisbitt hat einmal gesagt: »Wir ertrinken in Informationen, aber dürsten nach Weisheit.« Dieses Buch richtet sich nicht an Ihren Verstand und Ihr Informationsbedürfnis. Hier gibt es nichts im klassischen Sinne zu lernen. Hier wird vielmehr die Weisheit Ihrer Selbstheilungskräfte aktiviert. Das ist nicht der Weg des Verstandes, sondern der Seele, des Bewusstseins. Die Seele ist es, die dem Leben vertraut, der Verstand ist eher ein Zweifler und Verzweifler. Lesen Sie das Buch mit den Augen der Seele!

Einleitung:
Das Wesen der Heilung ist Selbstheilung

Der moderne Materialismus beraubt die Menschen
der Notwendigkeit eines Verantwortungsgefühls!
Auch Religion tut das oft. Aber ich glaube, wenn
man Quantenmechanik ernst nimmt, erlegt sie
einem die Verantwortung voll auf, und sie liefert
auch keine eindeutigen und tröstlichen Antworten.
Sie sagt: »Ja, die Welt ist ein riesiger Ort voller
Geheimnisse.« Mechanismus ist nicht die Ant-
wort, aber ich verrate dir die Antwort nicht. Weil
du alt genug bist, selbst zu entscheiden.

Jeffrey Satinover

Für uns alle wird es Zeit zu erkennen, dass Krankheit
weniger im Körper als vielmehr im Geist und in der
Seele ihre Ursache hat. Es sind unsere Gedanken und
Gefühle, die uns krank oder gesund machen, denn Gesundheit und Heilsein sind ewig gegenwärtig und sollten unser Normalzustand sein.

Heilen kann nur der Geist. Noch nie hat ein Arzt einen Menschen wirklich geheilt, denn der Heilung muss
immer die richtige geistige Einstellung des Heilers und
Heilenden zugrunde liegen. Krankheit ist vor allen Dingen eine Aufforderung, die durch sie zutage getretene

geistige Fehlhaltung zu beseitigen und unseren Bewusstseinszustand zu verändern.

Alle körperlichen Äußerungen und Zustände sind das Ergebnis unserer geistigen Einstellung und Haltung. Wer in seinem Bewusstsein ständig aufbauende und positive Gedanken trägt, dessen Körper ist auch gesund. Natürlich genügt es nicht, positiv zu denken und gleichzeitig elementare Naturgesetze zu missachten, indem wir schlecht atmen, uns falsch ernähren, uns Umweltbelastungen wie Elektrosmog aussetzen, ein Leben in Stress und Hektik führen usw.

Leben ist eine intelligente Form von Energie, und diese Energie kann vom Menschen selbst in seinem Körper gelenkt werden.

Als ich diese Erkenntnis bekam, begann ich mit meinem Körper zu sprechen. Ich sagte meinem Herzen, dass es stark sei und ruhig und gleichmäßig schlage, und meiner Lunge, dass sie ruhig und tief atme und Gelassenheit meinen Körper durchströme und jede Zelle meines Körpers erfülle – und es geschah.

Sinn und Ursache von Krankheit

Wenn man das Wesen von Krankheit verstehen will, muss man etwas über »Identifikation« wissen: Womit identifiziere ich mich? Was verstehe ich darunter, wenn ich sage »ich«? Jeder Mensch hat ein wahres Wesen, ein

SELBST. Wenn ich mich mit diesem Wesen, meinem wahren Selbst, identifiziere, in der »Selbst-Identifikation« lebe, dann lebe ich mit mir in Harmonie, dann bin ich »heil«.

Wir haben vergessen, wer wir sind, und leben mit einer falschen Identität:

• Der eine identifiziert sich mit seinem Körper, seiner Makellosigkeit, Wirksamkeit, Leistungsfähigkeit: der Sportler, der Bodybuilder, das Model als Wahrzeichen des Körperkults.
• Der andere identifiziert sich mit seinem Beruf und seiner Karriere oder einer anderen gesellschaftlichen Rolle, baut um sich eine riesige, schillernde Fassade an »Persönlichkeit« auf. Mancher identifiziert sich mit seinem Vermögen.
• Wieder eine andere identifiziert sich mit der Partnerschaft, der Familie und den eigenen Kindern. Die Identifikation wird zur »Inbesitznahme«, lässt dem anderen wenig Freiraum zur eigenen Entfaltung und führt auch so zu Unglück und Leid.

Die falsche Selbst-Identifikation wird bei den meisten Menschen sichtbar, wenn sie plötzlich arbeitslos werden, ihr Vermögen verlieren, in den Ruhestand geschickt werden, das Zerbrechen einer Partnerschaft erleben oder wenn die Kinder aus dem Haus sind. Das Leben wird leer, sinnlos, bedeutungslos, wertlos. Das, womit man sich identifiziert hat, ist weg. Und allzu häufig haben diese Menschen sich so verloren, dass sie nach diesen Verlusten nicht mehr lange leben.

Das sind nur ein paar sehr offensichtliche Zeichen von falscher Selbst-Identifikation. In unserem Alltagsstress werden wir uns dessen gar nicht bewusst, spüren wir nicht, dass wir nicht auf unserem Weg sind, sondern uns von Sachzwängen, Erwartungen, Partnern oder was auch immer fremdbestimmen lassen.

Das Nachlassen oder der Verlust von echter Selbst-Identifikation aber erzeugt im Selbst Disharmonie. Durch die Identifikation mit dem Körper, dem Ego, der Persönlichkeit spüren wir die Disharmonie im Selbst nicht, solange wir das Zentrum der Wahrnehmung im Körper haben.

So projiziert das Selbst diese Disharmonie auf den Körper, solange dort das Zentrum der Wahrnehmung durch Körper-Identifikation ist. Dort nehmen wir dann *zwangsläufig* durch die falsche Identifikation die Disharmonie im Körper wahr, als Schmerz, Symptom, Bewegungseinschränkung, als das, was wir (körperliche) Krankheit nennen.

Wir können hier schon erkennen, dass unsere traditionelle Vorstellung von (körperlicher) Krankheit sehr eingeschränkt ist. Auch unsere Art, wie wir arbeiten und Geld verdienen, kann krank sein, die Art, wie wir unsere Partnerschaft führen, die Art, wie und wo wir wohnen, die Art, wie wir mit unseren Kindern und alledem umgehen, wofür wir verantwortlich sind. Überall, wo nicht das wahre SELBST, sondern das ängstliche oder aggressive EGO (die zwei Seiten derselben Medaille) das Sagen hat, äußert sich diese Disharmonie in der Form von (partnerschaftlichem, beruflichem, sozialem ...) Schmerz und Krankheit.

Durch diese zunehmende Disharmonie zwischen SOLL (Leben in Selbst-Identifikation) und IST (Leben in Selbst-Vergessenheit) wird die Körper-, Ego- und Persönlichkeits-Identifikation zunehmend unangenehmer und schmerzhafter. **Das Selbst will uns so zwingen, aus der Illusion des Ich in die Selbst-Identifikation zurückzukehren.** Es ist sozusagen ein Regulativ, reißt uns aus der Illusion des falschen Lebens heraus, rüttelt uns wach, damit wir endlich unser Leben leben, wie es gedacht ist.

Korrigieren wir unser Leben nicht, zerstört diese Disharmonie letztlich den Körper und beendet dadurch zuverlässig die Identifikation mit dem Ego und der Persönlichkeit, beendet die Illusion des Ich durch den frühzeitigen Tod. Vergessen wir nicht: Wir haben das Potenzial, mindestens 120 Jahre bei bester Gesundheit zu leben. Noch einer, der achtzigjährig stirbt, hat diese lebenslängliche Disharmonie mit vierzig Lebensjahren bezahlt. Natürlich ist das Leben keine mathematische Formel, und die Lebensaufgabe ist nicht erst mit präzise 120 Jahren erfüllt. Viele verlassen ihren Körper viel früher, weil alles getan ist. Aber wir sollten uns doch immer bewusst sein, wie wenig wir das biologische Potenzial unseres Körpers nutzen, indem wir die meiste Zeit in Disharmonie leben.

Lassen wir uns aber durch die Krankheit wachrütteln und kehren wir in die Selbst-Identifikation zurück, werden die Schmerzen, die Symptome, die Beschränkungen sofort nicht mehr wahrgenommen, da das Zentrum der Wahrnehmung wieder im Selbst liegt. Gleichzeitig beendet die erfolgte Selbst-Identifikation die Disharmonie und beseitigt die Ursache der Krankheit. Der Körper wird so »von selbst« (vom Selbst) wieder gesund, weil der harmonische Zustand »Selbst-Identifikation« wiederhergestellt ist.

Wir brauchen keine Wissenschaft, um diese Wahrheit intuitiv zu fühlen. Wir spüren die Situationen, wo wir ganz bei uns sind, in unserer Begeisterung, in der Lebensfreude, im »Enthusiasmus« (gr. »in Gott sein«). Dann spüren wir unser Heilsein, das Einssein mit uns selbst und allem, was ist. Und wir spüren auch immer sensibler, wenn diese Harmonie nicht vorhanden ist, wenn wir mit uns, unseren Partnern, unseren Aufgaben in Disharmonie leben. Es bereitet schon innerlich einen kaum wahrnehmbaren Schmerz, der durch unser Ignorieren immer stärker wird – bis wir ihn endlich wahrnehmen.

Evolution oder Schöpfung ist das Spiegeln und Entfalten des Selbst in der Materie und in der Form, in der Illusion des Ich, im Ego und der Persönlichkeit, also in der scheinbaren Individualität. Das Getrennt-Sein ist nicht die Krankheit selbst, denn dann wäre die Schöpfung in ihrer ganzen Dualität eine Krankheit. Diese »Selbst-Vergessenheit«, die wir bei jedem Säugling deutlich wahrnehmen können, ist ein Teil der Evolution. Denn ohne Vergessenheit (die »Involution«) kann es kein Erwachen und keine Erleuchtung geben. Dieses Erwachen und die Entfaltung der Evolution können harmonisch stattfinden, ohne dass wir unser Selbst vergessen, also im vollen Selbst-Bewusstsein.

Vielleicht klingt das paradox. Doch Paradoxien sind Denkvorgänge an der Grenze dessen, was gerade noch zu denken und zu sagen ist. Wer diese Harmonie mit der Schöpfung in sich spüren kann, der braucht keine Worte mehr – und kann dieses Einssein nicht mehr in Worte fassen.

Es geht uns hier wie Laotse, dem großen Weisheitslehrer Chinas, der in seinem *Tao Te King* sagte, das TAO (also das Leben, die Schöpfung, der WEG) sei nicht beschreibbar, und darüber ein Buch mit 81 Kapiteln geschrieben hat.

Was also ist Heilung?

Heilung ist die Herstellung vollkommener Gesundheit auf allen Ebenen des Seins. Ich betone: auf ALLEN Ebenen des Seins. Wirkliche Gesundheit ist mehr als das Nichtvorhandensein von Krankheit. Gesundheit ist das Vorhandensein von Lebendigkeit, Energie, Begeisterung und Lebensfreude.

In meiner Naturheilpraxis musste ich bald erkennen, dass jede Therapie, die nur die äußeren Symptome behandelt, die Menschen nur noch kränker statt gesünder macht.

Bald bricht die unterdrückte Krankheit wieder hervor, meist schwerer, oder sie wird von einer anderen, noch schwereren abgelöst. Dabei gehen die Lebensfreude, der Glaube an den Sinn des Lebens und der Reichtum der Seele verloren. Was übrig bleibt, ist ein trauriger Rest dessen, was einmal hätte werden sollen. Heilung, ganz gleich, in welcher Form sie erfolgt, ist immer Selbst-Heilung. Der beste Therapeut, das teuerste Medikament kann immer nur die Selbst-Heilungskräfte aktivieren. Je intensiver und direkter das geschieht, desto schneller kann Heilung erfolgen. Die traditionelle Medizin ist immer mehr zur reinen »Feuerwehr-Medizin« geworden, die erst dann eingreift, wenn's brennt, und meist nur den größten Brand löscht, wobei der »Wasserschaden« oft noch größer ist als der eigentliche Brandschaden.

Einer meiner Freunde, ein Chirurg mit über dreißigjähriger Erfahrung, vertraute mir einmal an, dass die Mehrheit seiner chirurgischen Eingriffe rückblickend als das Herausschneiden der inneren Sprachorgane seiner Patienten betrachtet werden könnte. Damit meinte er, dass er durch das Entfernen bestimmter Organe oder Gewebe die innere Stimme zum Schweigen brachte, die versuchte, die Aufmerksamkeit auf das Vorhandensein von tieferen emotionalen oder spirituellen Problemen zu lenken:

Das Heilungsziel kann daher nur sein:

• das Gesundheitsbewusstsein der Menschen zu wecken,

- zuverlässige Wege zur Erhaltung der Gesundheit in der Form einer umgreifenden Prophylaxe aufzuzeigen

- und erst zuletzt durch angemessene Heilmaßnahmen die Krankheit zu kurieren. Wobei der sorgfältigen Diagnose ein hoher Stellenwert zukommt, und die Symptome erst beseitigt werden sollten, wenn die Ursache erkannt und beseitigt wurde.

Wirkliche Heilung ist immer ein Ganzwerdungsprozess, das heißt, immer vollkommener, immer heiler und damit immer mehr wir selbst zu werden, immer mehr eins zu werden mit uns selbst, dem Partner und letztlich mit allen und allem.

Wenn wir diesen natürlichen Evolutionsprozess behindern, ihn blockieren, wird Krankheit »not-wendig«. Wenn wir durch unsere Vorstellungen, Verhaltensmuster oder Ideale unseren Evolutionsprozess begrenzen und so unbewusst oder bewusst etwas nicht leben, das uns entspricht, kann Lebensenergie nicht ungehindert fließen, und diese Disharmonie tritt als Krankheit in Erscheinung.

Sehr wichtig für unser Heilungsverständnis ist aber: Es muss nicht unbedingt eine Störung als Ursache einer Krankheit vorliegen. Krankheit kann uns auch »wie aus heiterem Himmel« treffen, um uns wieder aufzurütteln und heil zu machen, denn jede Krankheit ist immer ein Weg zu uns selbst. Durch die Krankheit eröffnen sich uns neue Perspektiven, neue Ebenen des Seins, erscheinen neue Aspekte von uns selbst, um uns zu helfen, umfassender und letztlich allumfassend zu werden. So wie Kinder nach einer überstandenen Krankheit reifer sind, so werden auch wir durch Krankheit erwachsener. Heilwerden, das auch durch Krankheit ausgelöst werden kann, ist ein natürlicher Entwicklungsprozess, und so will uns letztlich alles zum Heilsein führen. Unheil schaffen wir nur durch unsere Ablehnung, unseren Widerstand, unsere Arroganz gegenüber dem, was IST.

Zum Glück beginnt auch die Medizin allmählich erwachsen zu werden. Aus der Quantenphysik heraus hat sich eine neue Wissenschaft vom Lebendigen entwickelt, die weitgehend die Auffassungen bestätigt, die in der Naturheilkunde seit Jahrhunderten überliefert sind. Die »postmoderne« Wissenschaft beschreibt jetzt den lebenden Organismus als ein Energiefeld, wodurch die uralte Überlieferung vom Energiekörper des Menschen eine wissenschaftliche Bestätigung erfährt. Dieser pulsierende Energiekörper aus Licht steuert alle biochemischen Vorgänge in unserem Organismus. Auch die Wirkung von Medikamenten beruht darauf, dass die ihnen innewohnende Energie das Energiefeld des Organismus beeinflusst. Sie wirkt über ihre Schwingung und gibt so auf elektromagnetischem Weg eine Information an das Energiefeld des Organismus.

So wird auch die Wirkung von Fernheilung, Geistheilung oder Handauflegen verständlich als Übertragung einer bestimmten Schwingung auf den Energiekörper, der auf dem Weg der Resonanz zum Gleichschwingen veranlasst wird. Ja, allein schon die Anwesenheit eines Menschen kann durch sein Energiefeld heilen.

Wer kann geheilt werden?

Die Antwort ist eindeutig: *Jeder* kann geheilt werden – wenn er die Heilung zulässt. Aber »zulassen« wäre nur passiv. Das äußere Geschehen wird immer mit seinem inneren Glauben übereinstimmen, nach dem Gesetz: »Einem jeden geschieht nach seinem Glauben.« Das mag sehr provokant klingen! Wenn einem eine »unheilbare Krankheit« mitgeteilt wird und wenn diese Mitteilung vom Bewusstsein des »unheilbar Kranken« Besitz ergreift, dann entsteht ein *Glaube*: Er glaubt der erschütternden Diagnose, die ihm gestellt worden ist. – Aber wenn er sich nicht selbst aufgibt, sondern an sich selbst glaubt, dann kann eine solche Diagnose auch einen neuen Lebenswillen entflammen: »Jetzt zeige ich es allen (und vor allem mir selbst), dass ich mich noch nicht aufgegeben habe, sondern mich ›wiederbelebe‹ und ein neues Leben beginne.«

Was kann geheilt werden?

Da die Kraft, die heilt, unbegrenzt ist, kann es keine heilbaren und unheilbaren Krankheiten geben, sondern nur Menschen, die zum derzeitigen Zeitpunkt nicht bereit sind, Heilung zuzulassen, oder eine Medizin, die zum derzeitigen Zeitpunkt noch keinen Weg der Heilung gefunden hat.

Machen wir uns bewusst: Für die eine universelle Kraft des Kosmos gibt es überhaupt keine Krankheiten. Diese universelle Kraft der Schöpfung ist (nicht nur, aber auch) Heilkraft. Sagen wir es noch deutlicher: Gott kann nicht krank sein und auch keine Krankheiten verursachen. Er erschafft keine kranke Schöpfung. Es sind in der Evolution zwar immer Katastrophen möglich, doch die Schöpfung hat den Mechanismus der Rettung und Heilung mit eingebaut. Wie sagte es Hölderlin: »Wo aber Gefahr ist, wächst das Rettende auch.«

Sobald diese universelle, heilende Kraft in das kranke System einfließen kann, stellt sie die fehlende Harmonie wieder her. Das Wort »unheilbar« würde ja bedeuten, dass jemand von der Möglichkeit des Heilwerdens ausgeschlossen wäre. Wer ist der Richter, der einen Menschen als unheilbar aussondert? Wer erlaubt sich ein solches Todesurteil? Es sollte nur die Aussage zugelassen werden: »Ich kann Ihnen nicht weiter helfen.« Wie viele Menschen gelten als »austherapiert«, weil für das System die Kosten-Nutzen-Rechnung nicht mehr stimmt. Ein Privatpatient wäre möglicherweise gar nicht »unheilbar krank«, sondern da hätte man doch noch eine – wenn auch sehr kostspielige – Therapie anzubieten. Wollen Sie sich in eine solche Abhängigkeit vom System begeben? Ist die Botschaft einer jeden Krankheit nicht auch die Aufforderung: »Nimm dein Leben in die eigenen Hände, werde für die Qualität deines Lebens selbst verantwortlich!«

Die gestörte Harmonie und Ordnung kann jederzeit wiederhergestellt werden, sobald eine ordnende Kraft in Aktion tritt. Die Heilung selbst wird durch die Erkenntnis der wahren Zusammenhänge bewirkt, durch Auslöschung falscher Gedankenbilder und das Einlassen der vollkommenen Idee der Schöpfung in das subjektive Gemüt.

Die Behandlung einer Krankheit oder Unstimmigkeit sollte immer ganzheitlich sein, das heißt, die Einheit von Körper, Seele und Geist erfassen. Die Behandlung sollte nie *gegen* eine Krankheit, sondern *hin* auf die Heilung, die Stärkung des eigenen Lebenswillens gerichtet sein.

Die Behandlung kann auf viele Arten eingeleitet werden:

- Durch ein Gespräch über die Ursache und Bedeutung der Krankheit, wobei wir nicht Ursache und Auslöser verwechseln sollten.
- Durch Medikamente, wenn sie auf biologischem Weg die natürlichen Selbstheilungskräfte des Menschen unterstützen.
- Oder durch eine gemeinsame Meditation und die Einswerdung von Therapeut und Patient.

Es gibt unzählig viele Wege der Gesundung. So individuell, wie jeder Krankheitsverlauf ist, ist auch der Weg der Heilung. Der Körper wählt dabei immer den besten verbliebenen Weg. Er ist stets dankbar, wenn man ihm den allerbesten Weg, den Weg nach innen öffnet. Dann kann die Heilung über die Bewusstwerdung und Erkenntnis erfolgen, und er braucht den körperlichen Hilfeschrei nicht mehr. Die Seele braucht den Menschen nicht mehr über die Krankheitssymptome zu zwingen, sich mit einer bestimmten Lebensproblematik auseinander zu setzen.

Aber vergessen wir nicht: Nicht nur der Körper kann geheilt werden, auch Gedanken, Gefühle, eine Beziehung, eine Arbeit, eine Lebensgemeinschaft, ein Haus, ein Garten, eine Gemeinde, ein Volk, die Menschheit, der Planet. Alles in der Schöpfung, was aus der Harmonie gefallen ist, kann geheilt werden.

Heilung ist Rückkehr zur Ganzheit

Der Arzt fragt den Rat suchenden Patienten sinnigerweise: »Was fehlt Ihnen?«

Wenn uns etwas fehlt (zum Beispiel Liebe), dann versagen wir uns etwas. Etwas, das wir uns versagen, schwächt uns, bis wir merken, dass wir selbst das waren, was wir uns vorenthielten. Wir haben zwar auf die Liebe anderer gewartet, sie aber weder uns selbst noch anderen gegeben. So haben wir uns selbst die Liebe im Leben versagt und unsere Ganzheit verloren.

Was ist das überhaupt: »Ganzheit«? Wenn es schwer ist, etwas zu beschreiben, dann helfen oft Bilder. Vielleicht hilft Ihnen dieses weiter:

Stellen Sie sich vor, dass wir alle Eisberge wären, die auf dem Meer der Erleuchtung schwimmen. Als Eisberg sehen wir hinab auf den Ozean der Erleuchtung und verspüren den Wunsch, selbst ein Teil von ihm zu sein. Dann entdecken wir, dass auch wir aus Wasser bestehen, mit dem Unterschied, dass es gefroren ist. Wir sind genau wie das Meer, der einzige Unterschied ist die Temperatur. Wenn wir den Mut dazu aufbringen, beginnen wir uns zu fragen, warum wir so kalt sind. Wenn wir uns tief auf diese Frage einlassen, werden wir früher oder später einen Lehrer aufsuchen und ihm bestimmte Fragen stellen. Und der Lehrer wird uns einen Spiegel vorhalten. Wenn wir mutig genug sind, werden wir in diesen Spiegel blicken und die unzähligen Wege sehen, wie wir unsere wertvolle Lebenskraft verlieren. Wir sind wie ein Sieb mit vielen Löchern, durch die unsere natürliche Lebensenergie oder Wärme sickert, und deshalb sind wir so kalt. Wenn wir diese Löcher verschließen, behalten wir unsere Kraft. Wir erwärmen uns, der Eisberg schmilzt und löst sich im Meer der Erleuchtung auf.

Mit anderen Worten: Wir trennen uns, weil wir in einer anderen Energie schwingen, in einer gröberen, langsameren, dunkleren, kälteren. Sobald unser Energiesystem subtiler wird, schneller, lichter und wärmer, werden wir eins mit dem Ganzen, das immer in dieser Energie schwingt. Das ist doch ein sehr schönes Bild, oder? Ein anderes:

Bewusstsein können Sie sich auch als Meer vorstellen. Es ist ein riesiges Meer, und Sie nehmen ein Weinglas und schöpfen aus diesem Meer etwas Wasser. Das heißt, dieses

> *Bewusstsein, das durch das Wasser symbolisiert wird, bekommt eine Form, die Form dieses Weinglases. Das ist eine Inkarnation: das Hineingehen des Bewusstseins in eine bestimmte Form. Und irgendwann gießen Sie den Inhalt (das Bewusstsein) in ein anderes Glas mit einer anderen Form. Und Sie haben eine andere Inkarnation. Sie gießen diesen Inhalt weiter in ein neu geformtes Glas, eine weitere Inkarnation; und so gehen diese Bewusstseinsinhalte durch viele Inkarnationen, bis Sie das Wasser ganz zum Schluss zurück ins Meer gießen. Und die Kette der Inkarnation ist zu Ende, das Heil oder das GANZE ist erreicht.*

Deswegen ist es seit alters Sache der Religion, einen Heilsweg anzubieten. Ein Heilsweg meint: den Menschen zurückzuführen zu seinem Ursprung, zum Ganzsein, zum Einssein, zum kosmischen Bewusstsein, zur Vollkommenheit. Das meint Heilung, wenn wir sie wörtlich verstehen. Nicht umsonst haben die Worte »heilen« und »Heilung« im Deutschen eine sprachliche Verwandtschaft zur »Heiligung«, zum »Heil« auch im religiösen Sinne. Menschsein ist also mit Polaritäten, mit Unheilsein und damit mit Kranksein aufs Engste verknüpft.

Wenn der Prozess der Selbst-Erkenntnis zu einer wirklichen Selbst-Heilung geführt hat, kann dies auch eine körperliche Heilung bewirken, das heißt, die Symptome beseitigen. Aber wahre Heilung geht über die Beseitigung von Symptomen hinaus. Sie ist damit verbunden, dass man sich über seine wahre Identität und seine Lebensaufgabe klar wird.

Aus diesem Grund kann Heilung manchmal bedeuten, dass man den Rest seines Lebens im Rollstuhl verbringt, wenn man seine Lebensaufgabe auf diese Weise am besten erfüllen kann. Selbst wenn man an den Rollstuhl gefesselt ist, kann man »geheilt« sein, vorausgesetzt, man erkennt, dass dies das Leben ist, für das man bestimmt ist. In gleicher Weise kann Heilung bedeuten, dass es in Ordnung ist zu sterben. Es kann bedeuten, dass die Probleme und Konflikte, vor die man in diesem Leben gestellt wurde, gelöst sind und man nun frei ist, diese Welt zu verlassen.

Der Weg der Heilung: Sei du selbst!

Heil sein bedeutet also auch, dass wir »ganz« sind, vollständig, dass wir hier und jetzt ganz so sind, wie wir eben jetzt sind. Dass wir nichts von uns verleugnen, ablehnen, verstecken oder zu vertuschen versuchen. Wir können nur heil sein, indem wir ganz so leben – ganz so sind, wie wir jetzt zu diesem Zeitpunkt, an diesem Ort sind. Und gleichzeitig achtsam uns »zusehen«, ob wir wirklich uns SELBST leben oder Muster, Programme und Rollen ausagieren. Doch all das können wir nur erkennen, wenn wir diese Unstimmigkeiten auch zulassen. Nur so haben wir die Chance, sie aufzulösen. Was wir verdrängen, löst sich nicht von uns, sondern führt sein Eigenleben, das uns selbst Lebensenergie und Authentizität nimmt.

Der einzige Weg ist, in jedem Augenblick so sein, wie wir JETZT sind, und uns mit jedem Schritt zu entwickeln, unsere individuelle Art, unser einzigartiges Sein herauszufinden, unseren individuellen, einzigartigen Weg zu finden und zu gehen.

Damit kristallisiert sich der Sinn unseres Lebens, unseres Hierseins auch immer mehr heraus. Wir leben, um uns *selbst* zu finden und um wir selbst zu sein, um dann anderen helfen zu können, ebenfalls sich selbst zu finden, um sie selbst zu sein. Das ist der Sinn unseres Erdendaseins, unsere Pflicht und Mission, unsere Verpflichtung gegenüber uns selbst, dem Leben und allem, was existiert.

Die Erde heilen

Das GANZE zu heilen, gilt für verschiedene Ebenen. Die für unseren Planeten höchste Ebene ist die Erde selbst. Das ist wahrscheinlich die Aufgabe dieses neuen Jahrtausends.

Um diese Aufgabe erfüllen zu können, müssen wir zulassen, dass die Erde selbst zu unserem Lehrer und Heiler wird. In alten Traditionen waren die Erde und die natürlichen Elemente unsere Lehrmeister. In jüngerer Zeit haben wir der Weisheit der Erde den Rücken gekehrt, wollten sie uns »untertan machen«. Wir haben eine andere Richtung eingeschlagen und eine komplizierte, technologische Lebensweise entwickelt. Aber nun hat es den Anschein, dass die Grenzen dieser Lebensweise erreicht sind. Den Menschen wird klar, dass sie auf eine soziale und ökologische Katastrophe zusteuern, wenn sie so weitermachen wie bisher.

Wenn wir wollen, dass diese Wendung zu einem planetaren Bewusstsein erfolgreich ist, und beginnen, wieder auf die Erde zu hören, werden wir entdecken, dass sie uns lehrt, wie wir gesund, harmonisch und integriert leben können. Auch hier können wir durch unsere eigene innere Führung in Kontakt mit den Lehren der Erde und der Natur kommen.

Diese Richtung müssen wir einschlagen, denn letztlich können wir die Heilung des Einzelnen nicht von der Heilung unseres Planeten trennen. Sie sind ein und dasselbe, weil das Bewusstsein jedes einzelnen Menschen mit dem kollektiven Bewusstsein verbunden ist. Obwohl wir Individuen sind, ist jeder Einzelne von uns auch ein Teil des Ganzen. Wenn wir beginnen, uns als Individuen zu heilen, verändern wir ganz natürlich auch das Bewusstsein des Planten insgesamt. Und wenn dieser kollektive Bewusstseinswandel stattfindet, wird jeder Einzelne wiederum davon beeinflusst. Daher verändert sich die Welt umso mehr, je mehr Menschen ihr Bewusstsein und ihre Lebensweise verändern. Und je mehr sich die Welt verändert, desto mehr Menschen verändern sich.

1. Das Heilungsprogramm: Achtsamkeit

Das Wissen, dass diese Vernetzung des Universums besteht, dass wir alle miteinander verbunden sind, dass wir mit dem Universum auf fundamentaler Ebene verbunden sind, ist meiner Ansicht nach eine gute Erklärung für Spiritualität.
Stuart Hameroff

Seit undenklichen Zeiten spielt der Geist das Spiel des Lebens mit sich selbst. Dabei trägt der Geist, der sich als Bewusstsein manifestiert und als Mensch in Erscheinung tritt, alle Möglichkeiten in sich: von animalischer Unbewusstheit bis zu göttlicher Klarheit, von Angst, Krankheit und Leid bis hin zur Erleuchtung und Vollkommenheit. Jeder Teil des einen Bewusstseins hat in jedem Augenblick die Freiheit der Wahl, und diese Freiheit ist ständig präsent, ob man sich dessen bewusst ist oder nicht. Sie können in jedem Augenblick neu entscheiden, wie Ihr Leben verlaufen soll, in welchen Umständen Sie leben und was geschieht, zum Beispiel gesund zu sein. Das Bewusstsein kann in diesem Spiel jede beliebige Rolle spielen: vom Mörder bis zum Meister. Wichtig ist nur, dass es nie vergisst, dass es eine Rolle spielt, dass das Ganze ein Spiel ist.

Ein Bettler auf der Straße kann deprimiert sein, weil

er ein Bettler ist. Der Schauspieler im Theater, der einen Bettler spielt, ist nicht deprimiert. Er leidet nicht unter dem Bettler-Sein, weil er weiß, dass er eine Rolle spielt. Seine einzige Absicht ist, diese Rolle des Bettlers so gut wie möglich zu spielen. Wenn wir uns also bewusst sind, eine Rolle zu spielen – ganz gleich welche –, dann sollten wir, solange wir diese Rolle spielen, die Rolle so gut wie möglich spielen. Wir sollten auch wissen: Sobald wir aufgehört haben, uns mit unserer Rolle zu identifizieren, hört alles mit der Rolle verbundene Leid auf. Täuschen wir uns aber in unserer Identifikation, verursachen wir damit automatisch eine schmerzhafte Enttäuschung.

Das Ziel in diesem Spiel ist, die Illusion des von allem getrennten Ich aufzulösen. Auf welchem Weg das geschieht, kann jeder Aspekt des einen Bewusstseins frei wählen. Aber alles, was wir erleben, will uns nur zu uns selber zurückführen. So lange erfahren wir uns selbst in immer neuen Aspekten.

Aber sollten wir uns immer wieder fragen: »**Welche Rolle spiele ich derzeit im Spiel des Lebens?**« Die Antwort wird natürlich bei jedem unterschiedlich ausfallen. Haben Sie überhaupt ein spielenswertes Lebens-Spiel gefunden?

Vielleicht helfen Ihnen folgende Fragen weiter: Als WER lesen Sie dieses Buch? Wer hält in diesem Augenblick das Buch in den Händen? Jetzt ganz konkret! Was ist Ihre Antwort? Wer liest das Buch? – Sie sagen wahrscheinlich: »Ich.« Das scheint eine klare Antwort zu sein, oder nicht?

Aber was bedeutet »ich«? Wer ist »ich«? »Ich« ist ja nur ein Wort, ein Name, ein »Nomen«. Was repräsentiert das Wort »ich«? Vielleicht sagen Sie: »Das ist meine Persönlichkeit. Ich identifiziere mich mit meiner Persönlichkeit.« Vielleicht haben Sie noch andere Identifikationen: mit Ihrem Körper, mit Ihrem Verstand, mit Ihrer Seele, mit Ihrem Wollen.

Meine Frage »Wer ist ›ich‹?« war natürlich eine Fangfrage. Denn ganz gleich, was Sie geantwortet haben, jede Antwort ist falsch. Alles, womit Sie sich identifizieren, sind Sie nicht. Sie *sind* natürlich nicht der Körper; Sie *haben* einen Körper. Wenn Sie vor dem Spiegel stehen, sagen Sie: »Das ist mein Körper.« Also muss da jemand sein, der das sagen kann. Der Körper hat einen »Besitzer«, er kann die Aussage ja nicht selbst treffen.

Sie sind auch nicht Ihre Seele. Sie sind nicht Ihr Wollen. Sie haben eine Absicht, die Sie durch Ihren Willen in die Tat umzusetzen versuchen. Aber Sie sind der, der sie in die Tat umsetzt. Sie sind nicht Ihr Verstand; Sie sind der, der ihn benutzt, der denkt, der Denker. Sie sind natürlich auch nicht Ihr Gemüt; Sie haben ein Gemüt. Sie sind der, der fühlt, mit diesem Instrument Gemüt.

Wer sind Sie also? Die Antwort kann nur heißen: Bewusstsein! Diese Erkenntnis ist für unser Heilungsprogramm außerordentlich wichtig.

Wenn wir alles loslassen, was wir *nicht* sind, dann bleibt am Ende das ewige Bewusstsein mit der Kurzformel ICH BIN, also ein Bewusstsein ohne jede Identifikation mit irgendetwas Vergänglichem.

Der erste, unverzichtbare Schritt ist, zu Bewusstsein zu kommen und zu erkennen: Körper, Verstand, Wollen – das alles bin ich nicht. Ich bin Bewusstsein. Das andere sind meine Instrumente, meine Werkzeuge, meine Kleider, ganz gleich, wie Sie es nennen. Sie sagen ja auch nicht: »Ich bin mein Auto.« Sie benutzen Ihren Wagen, aber Sie sind es nicht. Sie können (aus Ihrem Auto oder aus Ihrem Körper) ein- und aussteigen. Sie sind Bewusstsein.

Wir müssen für den Weg der Heilung, den ich Ihnen in diesem Buch ans Herz lege, zu Bewusstsein kommen. Das Bewusstsein ist natürlich keine Person; es ist ohne Eigenschaften, leerer Raum. Wenn Sie sich Bewusstsein als jemanden vorstellen, sind Sie wieder in einer Sackgasse. Wir müssten also, damit wir gleich in die richtige Richtung gehen, miteinander sein, ohne jemand zu sein.

Probieren Sie es gleich einmal aus. Seien Sie doch einfach nur präsent. Machen Sie sich keinen Gedanken, wer da präsent ist. Sondern spüren Sie nur: ICH BIN da. Seien Sie ganz da. Seien Sie nicht jemand. Lösen Sie sich aus jeder Identifikation. Seien Sie nur da, ganz und vollkommen präsent.

Damit werden Sie immer wesentlicher, kommen immer mehr in den Bereich des SEINS, den heilsamen Kern in Ihnen. Ein Ergebnis dieses ICH-BIN-Bewusstseins ist Gewahrsein. Wenn Sie ganz präsent sind und sich aus jeder Identifikation gelöst haben, sind Sie im Gewahrsein; dann sind Sie reine Wahrnehmung ohne einen Wahrnehmenden. Es ist niemand da, der wahrnimmt, aber da ist die reine Wahrnehmung.

Jetzt können Sie etwas wahrnehmen, wie es ist – ohne vergangene Erfahrungen, zukünftige Erwartungen oder Befürchtungen. Jetzt können Sie auch einen Menschen ganz emotionsfrei wahrnehmen, ganz so, wie er ist.

Wenn Sie diesen Schritt vollziehen, sind Sie wirklich präsent. Dann brauchen Sie alle Identifikationen nicht mehr. Dann sind Sie da. Dann sind Sie auch Sie selbst. Dann haben Sie die erste und wichtigste Voraussetzung geschaffen für geistige Heilung. Denn Heilung vollzieht sich nur im Bewusstsein. Wir müssen also zunächst einmal BEWUSST sein, EINS mit allem sein – ohne Anhaftung an Konkretes, Zeitliches, Räumliches. Einen solchen Zustand nennt man eigentlich Erleuchtung, und wir können ihn auf dem Weg der Präsenz erreichen: frei jeglicher Identifikation sein, einfach nur präsent sein, reine Wahrnehmung sein, reiner Geist sein.

Ich lade Sie zu einer solchen Übung der Achtsamkeit und Präsenz ein:

Erlauben Sie sich einmal, ganz achtsam zu sein. Lassen Sie jedes Aufpassen los. Achtsamkeit ist nicht Aufpassen. Achtsamkeit ist einfach nur Offenheit, Wahrnehmen. Sie brauchen nichts zu tun. Sie müssen nicht achtsam sein. Achtsamkeit ist etwas, das ist. Sie öffnen sich einfach und sind bereit für Achtsamkeit.

Betrachten Sie eine Blume, zum Beispiel eine Rose, eine Orchidee. Anfänglich gehen Ihnen dabei viele Gedanken durch den Kopf: Woher habe ich sie, wer hat sie mir geschenkt, wann haben ich sie das letzte Mal gegossen...? Lassen Sie alle diese Gedanken kommen und gehen, aber bleiben Sie bei dem Anblick der Blume. Sie werden nach einiger Zeit (das können zwanzig Minuten sein!) feststellen: Je weniger Gedanken Sie sich zu dieser Blume machen, desto achtsamer sind Sie der Blume gegenüber, desto mehr nehmen Sie sie JETZT wahr, so wie sie IST, desto mehr werden Sie EINS mit der Blume.

Vielleicht sind Sie immer berauschter von der Schönheit der Blume, ihrer Ausstrahlung, ihrem Da-Sein, erfasst Sie ein Schauder des Wunders der Schöpfung. Dann sind Sie achtsam. In diesem Augenblick. Dieser Blume und sich selbst gegenüber.

Sie haben nicht wirklich etwas getan, sondern nur die Blume so lange betrachtet, bis sich jeder störende Gedanke wie ein Nebel verzogen hat und Ihre Achtsamkeit kristallklar geworden ist.

Es ist doch ganz einfach! Also setzen Sie diese Übung sofort um. Nehmen Sie einen Gegenstand, der Ihr Herz erfreut: eine schöne Blume, eine brennende Kerze, ein Foto einer geliebten Person (das können Sie selbst sein!), den Blick in die freie Natur. Es wird Ihnen das Passende einfallen. Und dann schenken Sie diesem Erleben Ihre ganze Achtsamkeit – eine halbe Stunde, eine Stunde – wie lange auch immer, bis der Betrachtende und das Betrachtete in Ihnen EINS werden und Sie diese Präsenz des Lebens in seiner Vollkommenheit erfahren. Es ist nur eine kurze

Zeit der Übung, die Ihr Leben dramatisch verändern kann. Legen Sie das Buch zur Seite. Machen Sie es. Bitte. Jetzt.

Der Unterschied zwischen Aufpassen und Achtsamkeit ist der gleiche wie zwischen krampfhafter und entspannter Konzentration. Wir lernen in der Schule irgendein krampfhaftes Bemühen, das wir Konzentration nennen. Das heißt: aufpassen, was der Lehrer sagt, was da vorne an der Tafel geschieht. Wie lange können sie das? Fünf Sekunden? Zehn Sekunden? Drei Minuten sind schon zu viel. Dann sind Sie müde.

Selbst wenn Sie sich in dieser kurzen Zeit sehr konzentriert haben, haben Sie nur ein Bruchteil dessen registriert, was geschehen ist. Dieses krampfhafte Bemühen, das wir Konzentration nennen, lassen Sie jetzt los und gehen in die andere Form von Konzentration, die Sie erleben, wenn Sie ins Konzert gehen, ins Theater. Die Welt versinkt, und Sie öffnen sich, lehnen sich zurück und sind reine Wahrnehmung. Sie tauchen ein in die Handlung, lassen sich von der Musik bewegen. Nach eineinhalb Stunden vollkommener Konzentration fällt der Vorhang. Applaus, die Alltagswelt ist wieder da, und Sie gehen nach Hause. Sie waren eineinhalb Stunden konzentriert. Sie sind gelöst, erholt, entspannt. Das meine ich mit entspannter Konzentration oder **konzentrativer Entspannung.** Das ist auch Achtsamkeit im Gegensatz zu Aufpassen. Die Seele ist achtsam, der Verstand passt auf. Er will alles verstehen, nichts verpassen. Das Ego passt auf, dass ihm nichts widerfährt, dass es seine

Chance ergreift. Aufpassen ist Enge, das Kleben an einzelnen Worten. Achtsamkeit ist Weite, das Verstehen des GANZEN.

Achtsamkeit äußert sich in Zeremonien. Denken Sie an eine Teezeremonie! Sie können Tee völlig achtlos trinken oder wie die Japaner eine Zeremonie daraus machen, es genießen. Wenn Sie Ihr ganzes Alltagsleben wie eine Zeremonie gestalten, dann leben Sie wirklich achtsam! Machen Sie aus Ihrem Leben ein Ritual und binden Sie immer mehr Alltag in diese Zeremonie ein:

Sie können achtsam ein Glas Wasser trinken, das Essen zubereiten, alle Zutaten segnen, ein Dankgebet sprechen, Ihre tägliche Kleidung achtsam wählen, achtsam zu Bett gehen, achtsam Stille erleben. Nichts mehr dem »Autopiloten«, der Routine überlassen, sondern alles mit vollem BEWUSSTSEIN tun und geschehen lassen. So meditieren Sie nicht mehr nur während der täglichen Übung, sondern Ihr Leben selbst wird zur Meditation.

Von der achtsamen Wahrnehmung einer Blume bis zu einem achtsamen Leben gibt es keinen qualitativen Unterschied, sondern nur ein Erweitern der Achtsamkeit, eine immer weitere Präsenz im Bewusstsein. Sie werden mit dieser Übung aber feststellen, dass Sie ein neues Verhältnis auch zu sich selbst finden. Vielleicht kommt es Ihnen so vor, als ob Sie aus einer Trance erwacht seien und wie neugeboren ein neues Leben führen können. Sie nehmen sich an, wie Sie sind. Und dann kann das Wunder geschehen: Sie wandeln sich. Aus dem kleinen »ich brauche, ich will, ich habe, ich werde, ich war ...« wird das große ICH BIN.

ICH BIN heißt Gegenwart. Keine Vergangenheit, keine Zukunft. Nicht: Ich war, ich werde sein, sondern: ICH BIN. Das ist ewige Gegenwart. Was jetzt da ist, das war immer. Es war von Anfang an und es wird immer sein. Das ist Präsenz, reine Existenz. Als Existenz sollten wir hier sein.

Noch etwas sollten wir ins Bewusstsein nehmen: Wir können nur werden, was wir sind. Für den Verstand hört sich das nicht akzeptabel an, unlogisch, es gehorcht nicht den Gesetzmäßigkeiten des Verstandes. Wenn Sie also als Verstand das Buch lesen, dann werden Sie viele interessante Informationen hören, aber das Wesentliche nicht erfassen können. Dann lesen Sie etwas über Heilung, können Heilung aber nicht geschehen lassen.

Wir können nicht die Grenzenlosigkeit der Schöpfung durch das Nadelöhr unseres Verstandes zwingen. Da fällt zu viel weg. Deswegen der nächste Schritt: Versuchen Sie nicht mehr zu verstehen; das ist hier nicht hilfreich. Nehmen Sie wahr. Dann werden Sie erkennen: Sie können wahrnehmen, ohne zu verstehen. So wie man in ein Museum geht und ein Bild anschaut. Sie betrachten ein fesselndes Bild, hören eine bewegende Symphonie, erleben ein faszinierendes Abendrot. Sie nehmen es wahr, ohne etwas verstehen zu wollen. Jedes Nachdenken über das Bild, die Symphonie, den Sonnenuntergang würde Sie sofort aus der Präsenz des unmittelbaren Erlebens reißen. Sie lassen sich von diesen Ereignissen so tief bewegen, als seien Sie selbst das Bild, die Symphonie, der Sonnenuntergang. *Sie können es*, haben solche Momente sicher in Ihrem Leben als »Gipfelerfahrung« schon oft erlebt. Und Sie wissen: In diesem Erleben gibt es keine Vergangenheit oder Zukunft; Sie sind das Erleben des Sonnenuntergangs – und nichts anderes existiert in diesem Augenblick mehr. Alles, was existiert, ist dieser Augenblick. Was für Sie vielleicht neu ist: Auch die Worte in einem Buch so wahrzunehmen, als seien Sie selbst diese Worte.

So können Sie das Geschriebene wahrnehmen, denn indem Sie wahrnehmen (ohne nachzudenken), erreichen die Worte Ihr Wesen. Was ich hier bewirken möchte, ist nur, Sie an sich selbst zu erinnern – nicht an Ihre Persönlichkeit, Ihren Verstand, Ihr kleines Ich, Ihr Ego, sondern an Ihre innere Vollkommenheit.

Ich biete Ihnen zum Abschluss eine Heilmeditation an, die Sie sich laut vorlesen können.* Stimmen Sie sich ein in diese Worte, lassen Sie sich von ihnen erfassen, machen Sie daraus ein persönliches Gebet, eine Zeremonie. Lesen Sie sich diesen Text täglich laut vor. Sie stellen sicher schnell fest: Es gibt nichts zu verstehen, sondern es geht darum, diese heilsamen Worte aufzunehmen. Wenn Sie möchten, betrachten Sie diese Worte als einen Appell an alle Ihre Körperzellen, es Ihnen gleichzutun:

---

* Es gibt auch eine Möglichkeit, solche von mir gesprochenen Heilmeditationen zu hören. Näheres bei den Hinweisen im Anhang.

Ich gestatte meinem Körper, vollkommen bewegungslos zu sein, und mache mir bewusst, wer ich wirklich bin... Ich bin nicht der Körper. Ich bin vollkommenes, ewiges Bewusstsein... Ich nehme mich jetzt als Bewusstsein in meinem Körper wahr... Ich spüre, wo das Zentrum meines Bewusstseins ist, von wo aus ich lebe: im Bauch, im Kopf, im Herzen? ...Wenn ich das Zentrum spüre, dehne ich von dort mein Bewusstsein aus. Ganz behutsam, gleichmäßig... Bis das Bewusstsein, das ich bin, den ganzen Körper ausfüllt... Als Zeichen dafür spüre ich als Bewusstsein meinen ganzen Körper gleichzeitig...

Dann öffne ich von innen behutsam mein Kronenchakra (die höchste Stelle meines Kopfes) und wachse über mich hinaus... Werde im Bewusstsein größer als mein Körper... Dehne mein Bewusstsein nach allen Seiten aus, sodass das Bewusstsein, das ich bin, meinen Körper nach allen Seiten überragt... Als Bewusstsein bin ich nicht mehr im Körper, sondern der Körper ist in mir...

Ich wachse ganz bewusst über mich hinaus und tauche ein in das allumfassende kosmische Energiefeld... Gehe ganz bewusst ans kosmische Netz... Spüre, wie ich wieder eins werde mit der Kraft, wie die Kraft in meinen Körper einströmt und diesen ganzen Körper erfüllt...

Ich erlebe, wie hundert Billionen Körperzellen mein Kronenchakra öffnen und jede einzelne Zelle sich erfüllt mit kosmischer Energie... Ich bin wieder ganz bewusst angeschlossen an die eine Kraft... Laufe nie mehr auf Batterie. Bleibe in der Kraft und spüre, wie diese kosmische Kraft in mir als Heilkraft wirkt... Lasse einmal ganz bewusst in meinem Körper Heilung geschehen...

Wieder spüre ich, wie jede einzelne Zelle meines Körpers sich dieser Kraft öffnet und Heilung geschieht ... Ich spüre ganz bewusst, wie mein Körper, mein ganzes Sein immer heiler wird ... Ich mache mir bewusst, dass ich damit das Geheimnis immer währender Gesundheit kenne, indem ich angeschlossen bleibe an die eine Kraft und von nun an ständig Heilung geschehen lasse ...

Ich kann diese kosmische Energie, die in mir als Heilkraft wirkt, auch auf eine Schwachstelle in meinem Körper richten ... Lasse einmal dort besonders intensiv Heilung geschehen ... Während weiterhin Heilung in meinem ganzen Körper geschieht, konzentriert sich die Heilkraft auf einen bestimmten Bereich, wo sie besonders intensiv wirkt ... Ich spüre, wie auch dort Heilung geschieht ...

Da ich von meinem wahren Sein her ein multidimensionales Wesen bin, kann ich gleichzeitig mehrere Dinge geschehen lassen. So kann ich zum Beispiel jetzt gleichzeitig diese Kraft auf eine Situation in meinem Leben richten ... Vielleicht eine Beziehung ... meine wirtschaftliche Situation ... meine Wohnsituation ... meine geistige Entwicklung ... Ganz gleich, was mir wichtig ist, ich lasse auch dort ganz bewusst Heilung geschehen ...

Ich schreibe dabei dem Leben nicht vor, wie Heilung auszusehen hat, wie ich mir Heilung vorstelle, sondern verursache nur, dass Heilung auch in diesem Bereich meines Lebens geschieht und schaue zu ... Erlebe mit, wie Heilung geschieht, welche Form Heilung einnimmt, und vergewissere mich, dass gleichzeitig weiter, von jetzt an für immer, Heilung in meinem Körper geschieht ...

Ich unterbreche die Heilung nie wieder und bleibe ange-

*schlossen an die eine Kraft … Über mich hinausgewachsen,
lebe ich von nun an in der Geistesgegenwart … Bin ständig erfüllt von dieser einen Kraft, von der ich ein Teil bin.
Ich bin die Kraft und lasse die Kraft ganz bewusst in mehreren Bereichen meines Lebens gleichzeitig wirken … Spüre,
wie Heilung geschieht … So kann ich auch meine berufliche Situation heilen, sodass ich dort in meiner Tätigkeit
Erfüllung finde … Ich lasse mich von der Freude führen zu
einer Tätigkeit, die mich erfüllt … Gestatte dem Leben,
mich gut dafür zu bezahlen, dass ich das tue, was mir ohnehin am meisten Freude macht. Was mir wirklich Erfüllung
bringt …*

*So spüre ich, wie ich in mehreren Bereichen meines Lebens
gleichzeitig immer heiler werde … Spüre, dass Heilsein
mein wahres Wesen ist … Erlebe, dass heiler werden wie
Nach-Hause-Kommen ist … Erinnerung an mich selbst …
Indem ich heiler werde, werde ich immer stimmiger …
komme ich immer mehr in Einklang mit mir selbst und
dem Leben, und so vergewissere ich mich von nun an
immer wieder, dass noch immer Heilung geschieht … Lasse
von nun an Tag und Nacht Heilung geschehen und komme
so meinem wahren Wesen immer näher.*

*In diesem Bewusstsein gehe ich von nun an durch mein
Leben, und wohin ich auch komme, wird die Welt lichter
und liebevoller. Durch mein So-Sein … In diesem Bewusstsein gehe ich von nun an einer erfüllenden Tätigkeit nach …
Erfülle meine Aufgabe … In diesem Bewusstsein kehre ich
nun wieder an die Oberfläche des Seins zurück … Ich bin
jetzt hier als der, der ich wirklich bin … Lasse von nun an
Heilung ständig geschehen. Erlebe, wie Krankheit sich auf-*

löst – wie ein Eisberg im Meer... Erlebe, wie Unheil aus meinem Leben verschwindet... Wie ich immer mehr in Einklang lebe mit mir selbst...

2. Heilung auf der seelischen Ebene: Seelenheil

Jede Heilbehandlung, die eine gestörte seelische Grundlage wiederherstellen will, hängt davon ab, ob es gelingt, in der Seele des Erkrankten eine feste Glaubenskraft zu erwecken.

Eduard Spranger

Es geht nicht nur um die Heilung unseres Körpers, sondern vor allem um unser »Seelen-Heil«. Nicht der Körper macht die Seele heil, sondern die Seele den Körper. Die Seele ist das Umfassendste, das Ganze, aus dem die Ganzheit und das Heilsein erwachsen.

Heil bedeutet »ganz und ungeteilt«. In Wahrheit sind wir »In-dividuen« (Un-Geteilte), also ungetrennte Teile des einen, höchsten Bewusstseins. Seelenheil bedeutet daher, wieder im Bewusstsein dieser Einheit zu leben. Das »heilt« die Seele, indem es den Schmerz der scheinbaren Trennung beseitigt und damit das Gemüt und letztlich auch den Körper heilt, der ja nur das »Unheil« widerspiegelt. Und genau das ist die Spirale der Heilung.

Es geht jedoch nicht nur um das Heilsein unserer Seele, sondern ebenso um die Vereinigung unserer individuellen Seele mit der Weltenseele. Erst wenn auch diese Einheit wiederhergestellt ist, sind wir wirklich geheilt.

Der Unterschied zwischen
Seele und Bewusstsein

Beginnen wir mit dem Anfang aller Zeit und allen Raumes, Milliarden von Jahren zurück.

Am Anfang war das Nichts: Das allmächtige Potenzial für alles, das nicht manifestiert, nicht in Erscheinung getreten war. Dieses Potenzial, diese reine, unmanifestierte Existenz wird sich ihrer selbst bewusst. Das ist der Anfang, der bewusste Geist, das Form annehmende Bewusstsein. Dieser selbst-bewusste Geist schafft sich eine erste Verkörperung, eine erste Form, ein Energiefeld: die Seele.

Diese Seele ist, wie manche sagen, das Tagebuch des Geistes. Und so wie es nur ein Bewusstsein gibt, gibt es nur eine Seele: die Weltenseele, die den ganzen Kosmos umfassende Seele. Jeder Teil des einen Bewusstseins, der nie getrennt wird, sondern nur in eine (scheinbare) Individualität geht, nimmt auch ein Stück dieser Weltenseele mit auf seinen Weg.

Dies ist jetzt »seine« Seele. Sie zeichnet getreulich ihren Weg, ihre Entwicklung auf. Sie ist anfangs als Energie höchst subtil, vergleichbar mit dem, was wir unter LICHT verstehen. Diese Energie teilt sich in Felder, wird langsamer, kühler, nimmt neue Energieformen an und kristallisiert sich in neuen Verkörperungen. Und plötzlich explodiert die Welt der Teilchen, die wir als unseren Kosmos kennen: der Urknall. Die Seele unseres Kosmos tanzt mit immer neuen Manifestationen, die immer deutlicher das sichtbare Gesicht der wachsenden Seele(n) werden. Auf der Suche nach sich selbst und der Selbst-Erkenntnis bringt die Energie der Seele auch biologische Leben hervor. Die Seele inkarniert in neue Lebensformen, um immer mehr zu Bewusstsein zu kommen.

So entsteht eine individuelle Seele, die in verschiedenen Lebensformen reinkarniert und Aufgaben in unterschiedlichen Leben nachgeht. Sie ist ein einmaliger Teil der einen Weltenseele, der einmalige Eintragungen enthält. Aber der, der diese Eintragungen vornimmt (Energiespuren Form gibt), das ist der bewusste Geist.

Deswegen gibt es einen sehr deutlichen Unterschied zwischen Bewusstsein, Seele und Geist. Bewusstsein ist etwas, das irgendwer haben muss. Es ist also der Geist, der Bewusstsein und in gewisser Weise auch eine Seele ist oder hat, der in die Form einer Seele eingeht.

Geist und Seele sind zwei Teile des Ganzen mit unterschiedlicher Funktion. Aber der, der da lebt, der den Weg geht, das ist der bewusste Geist. Vielleicht hilft es Ihnen, wenn wir es in ein Bild kleiden. Stellen Sie sich den Geist vor, der sich in ein erstes Kleid, eine erste Hülle kleidet. Das ist die Seele. Der bewusste Geist nimmt in der Seele eine erste Gestalt an.

Wir können diesen Weg auch wieder zurückgehen. Nehmen Sie einen geliebten Menschen (Partner, Eltern, Kinder…) Sie haben den »konkreten Körper« dieses Menschen vor Augen. Es ist die Verkörperung einer Seele. Auch Ihr Partner hat eine Seele (Partnerschaften sind immer Seelenpartnerschaften). Ihre Familie hat eine Seele. Das können Sie spüren und wahrnehmen.

Öffnen Sie sich für die Vorstellung, dass Sie nicht nur eine individuelle Seele haben, sondern auch Teil einer größeren Seele sind: die Seele Ihrer Partnerschaft, die Seele Ihrer Familie. Gehen Sie in die Stille, und Sie werden diese Seelen wahrnehmen können. Gehen Sie dabei auch einen Schritt weiter: Nehmen Sie die Seele der Menschheit wahr, die Seele des Planeten Erde, die manche GAIA nennen.

Wenn Sie andere und größere Seelen wahrnehmen können, dann lade ich Sie zu einer Übung zum Heilen auf der Seelenebene ein:

Ich nehme auf Seelenebene Kontakt mit einem anderen Menschen auf. Ich schicke ihm keine Botschaft, keine Information. Ich lasse nonverbal Geborgenheit, Vertrauen, Liebe und Mitgefühl geschehen. Dazu gehört, dass ich zunächst diese Geborgenheit, dieses Vertrauen, diese Liebe, dieses Mitgefühl in mir herstelle. Oder wenn sie schon vorhanden sind, mache ich sie mir bewusst. Dann lasse ich den anderen an diesen Gefühlen teilhaben.

Ich mache mir bewusst, dass ich Teil der Ordnung des Universums bin. Ich selbst bin in Ordnung und ziehe alles in mein Leben, was für mich stimmt. Ich bin Schöpfer. Ich kann alles ändern. Ich mache mir so Erkenntnisse bewusst, die mir helfen, diese Geborgenheit in mir zu spüren. Wenn ich erfüllt bin von Geborgenheit, Vertrauen und Mitgefühl, dann beziehe ich den anderen mit ein in meine Geborgenheit, mein Vertrauen und mein Mitgefühl. Wenn ich kontemplativ mit dem anderen verschmelze, dann erlebe ich als der andere das Wirken der Geborgenheit in ihm.

So spüre ich, wenn es vollzogen ist, wenn er ganz geborgen ist, wenn er sich ganz geborgen fühlt.

Nehmen wir noch eine andere Situation: Stellen Sie sich vor, ein Mensch besucht Sie. Sie sind verabredet. In wenigen Minuten wird er da sein. Bevor er kommt, hüllen Sie ihn ein in diese Geborgenheit, dieses Vertrauen, diese Liebe, Ihr Mitgefühl. Geben Sie in diese Energie auch das wohlwollende Miteinander, das Ruhen in der Ordnung des Universums. So schaffen Sie eine Atmosphäre, in der der andere zur Ruhe kommt, bevor er überhaupt bei Ihnen ist. Natürlich behalten Sie diese Atmosphäre der Geborgenheit bei, wenn er dann angekommen ist. Damit haben Sie die besten Voraussetzungen dafür geschaffen, auch die Beziehung zu anderen Menschen über die Seelenebene zu heilen.

Um auf der Seelenebene heilen zu können, ist es notwendig, sich der eigenen Kraft bewusst zu werden. Machen Sie sich einmal Ihre Seelenstärke bewusst. Sie spüren, da kann Sie nichts erschüttern. Da ruhen Sie in sich. Was Sie bewegt, das geschieht nur an der Oberfläche, das bewegt nur das Ich, die Persönlichkeit, das Ego.

Alle Störungen wie unangenehme Geräusche, ja Lärm von der Straße, interessiert Ihre Seele überhaupt nicht. Das interessiert nur Ihre Persönlichkeit. Wenn Sie in Ihrer Persönlichkeit ein entsprechendes Programm haben, dann erleben Sie gerade eine Störung. Wenn Sie dieses Programm nicht in sich tragen, ist keine Störung da. Dann hören Sie zwar ohrenbetäubenden Lärm genauso wie der andere, der sich daran stört. Nur stört Sie das nicht mehr. Die Störung findet nur auf der Persönlichkeitsebene statt. Ihre Seelenstärke lässt sich durch Lärm nicht erschüttern. Können Sie einen Lärm, der schon fast schmerzhaft ist, so ertragen, dass er Sie nicht mehr stört, indem Sie diese »Energie« auf der Seelenebene unbeeindruckt wahrnehmen? Wenn es Ihnen gelingt, können Sie feststellen, dass die Seele überhaupt keine Schmerzen wahrnimmt, sondern nur der Körper oder der Verstand spürt sie als Leid.

Heilen Sie sich selbst auf Seelenebene, indem Sie sich bewusst machen: Dort war nie Krankheit. Dort war nie Disharmonie. Dort gibt es nur Seelenfrieden, Glückseligkeit, Harmonie. Sie können jederzeit auf Ihre Seelenebene gehen und das Leben als Seele erleben.

Sie stellen fest: Ich bin heil. Es gibt nichts zu tun. Sie können sich selbst genießen, den inneren Frieden, das Glück. Viele Menschen sind auf der Suche nach Glück, aber Sie machen sich jetzt bewusst, dass kein äußerer Umstand zu Glück führen kann. Glück ist, bewusst zu sein. Sie können sogar das Wort »bewusst« noch weglassen und sagen: Glück ist zu SEIN. Ein Kind ist vielleicht nicht bewusst, aber glücklich. Es IST. Glück heißt, nicht in Kollision mit irgendwelchen Umständen zu sein, sondern einfach zu SEIN. Und das ist eine starke Heilkraft.

Glauben Sie, dass sich Glück und Krankheit ausschließen? Das ist ein Glaubenssatz, der sicherlich nicht heilsam wirkt. Sie brauchen nur Menschen zu beobachten, die trotz ihrer Krankheit glücklich sind, weil sie sich nicht mit ihrer Krankheit identifizieren. Sie identifizieren sich mit ihrer Seele. Da ist das Glück zu Hause. Krankheit ist im Körper, signalisiert eine Disharmonie. Aber ein Mensch, der trotz Krankheit glücklich sein kann, der hat den Schlüssel zur Heilung in den Händen.

Um dieses Seelenheil zu erreichen, ist eine Beseitigung der »Innenwelt-Verschmutzung« erforderlich und ein Reinhalten der Innenwelt durch regelmäßige Psychohygiene, eine »Gemütswäsche«, in der negative Gedanken, belastende Gefühle, unbeherrschte Triebe und unbedachtes Reden und Tun bereinigt werden, damit sich das Ebenbild Gottes, das ICH BIN, wieder ungetrübt spiegeln kann im klaren Spiegel unserer Seele.

Heilung – heil – heilig

Doch es geht nicht nur darum, Körper und Seele geistig zu heilen, sondern letztlich um die Heilung im Geist und damit um **Heiligung**. Denn indem wir wieder aus der »Gottesunmittelbarkeit« heraus handeln, heiligen wir alles Tun. Nicht nur das Tun, das ganze Sein wird dadurch geheiligt. Heilig sein bedeutet nicht mehr, aber auch nicht weniger, als im Bewusstsein der Einheit mit dem höchsten Bewusstsein aus dieser Einheit heraus zu leben. Nach dem Gesetz der Gnade können wir in jedem Augenblick unseres Lebens den falschen Weg verlassen, die »Sünde« beenden und »nach Hause« zurückkehren.

Es ist wirklich weit einfacher, sich selbst zu heilen, als Sie glauben. Es hat Sie sehr viel Mühe gekostet, Ihre Krankheiten zu erschaffen. Sie abzuschaffen, kann genauso leicht sein wie das Ausatmen negativer Gedanken, auch wenn Sie schon lange hart daran gearbeitet und sie mit viel Aufwand festgehalten haben. Sowie Sie Ihr Denken ändern, wird sich Ihr Körper ganz automatisch mit verwandeln.

Jede Heilung ist eine geistige Heilung. Es gibt kein Medikament gegen Ärger, Zorn, Neid usw. Hier hilft nur eine Wandlung im Bewusstsein. Heilung bedeutet also, das verkehrte Bewusstsein wieder auszurichten auf die eine Kraft und Einheit allen Seins.

Das »verkehrte« Bewusstsein entsteht vor allem aus Unwissenheit, einem Mangel an Information oder durch Fehlinformation. Das aber zeigt nur, dass wir nicht gesucht haben, denn das Gesetz lautet: »Wer suchet, der findet.« Der erste Schritt, die Unwissenheit zu beenden, besteht darin, Wissen zu suchen.

Doch gilt es nicht nur Wissen zu erwerben, sondern auch die »geistige Blindheit« zu heilen, die sonst verhindert, dass das Wissen zur Weisheit wird. Geistige Blindheit entsteht aus der Identifikation mit dem Körper, dem Denken und Fühlen, wodurch die Verbindung zu unserem wahren Selbst, dem universellen Bewusstsein in uns verloren geht. Das Ergebnis ist dann das reine »Ego-Bewusstsein« und damit der Egoismus. Diese Trennung vom höchsten Bewusstsein hält aber kein »Ich« aus, ohne krank zu werden. Aus Egoismus »kränken« wir uns gegenseitig, bis wir wirklich krank geworden sind, ja: **Dieser Egoismus ist die eigentliche Krankheit.**

Ayurveda bietet uns eine einfache, aber gleichzeitig unglaublich mächtige Metapher an: Das Leben ist wie ein Baum, dessen Wurzel das Bewusstsein ist. Wenn wir gut für die Wurzel sorgen, wird der ganze Baum gesund sein.

Heilung durch Tod

Machen wir uns bewusst, dass sich jede Therapie immer nur mit den »Ein-drücken« und Verhaltensweisen des Egos befasst, um diese durch bessere Verhaltensweisen zu ersetzen. Wirkliche Heilung aber bedeutet, vom Ego-Bewusstsein zum wahren »Selbst-Bewusst-Sein« zu kommen. Nur einer, der diesen Weg bereits gegangen ist, kann einen anderen dorthin führen. Nur ein Heiler kann heilen. Das Selbst des Menschen ist weder krank, noch muss es geheilt oder verändert werden – es IST. So geht es also nicht darum, im Leben eine bessere Rolle zu spielen, sondern aufzuhören mit dem Rollenspiel, sich an sich selbst zu erinnern und anzufangen zu SEIN! Solange wir im Leben noch eine Rolle spielen, spielen wir noch keine Rolle. Erst wenn wir keine Rolle mehr spielen, spielen wir wirklich eine Rolle.

Geschieht das alles nicht, erfolgt letztlich eine Heilung durch den Tod. Es ist eine Transformation, der sich keiner entziehen kann. Ergreift der Mensch immer wieder nur halbe Maßnahmen, die keine vollkommene Veränderung herbeiführen können, bleibt irgendwann kein Platz mehr für Kompromisse, und der Tod führt diese vollkommene Veränderung zuverlässig herbei.

3. Heilung auf der
geistigen Ebene: Geistheilung

*Die Menschheit steht im Begriff, sich der Heil-
kräfte des Geistes bewusster als in früheren Zeiten
zu bedienen. Dabei steht sie erst am Anfang einer
neuen spirituellen Therapie, die einmal mehr Prak-
tiker und Anhänger zählen wird als alle übrigen
Heilweisen zusammen.*

Prentice Mulford

Viele Leute haben eine falsche Vorstellung davon, wie
sich Heilung auf der geistigen Ebene vollzieht. Sie glauben, sie müssten ständig »positives Denken« praktizieren und mit dieser Technik negative Gedanken abwehren. Sie befürchten, dass ihre negativen Gedanken
ihnen schaden könnten. Möglicherweise befanden sie
sich in ihrem Leben einmal in einer Krise, in der sie sehr
negativ dachten und empfanden. Nun, wo sie sich positiver fühlen, wollen sie alles Negative abwehren aus
Furcht, wieder in eine negative Sichtweise »abzurut-
schen«. Deshalb leugnen oder unterdrücken sie alle negativen Gedanken und konzentrieren sich ausschließlich auf Positives.

Bei einigen Menschen funktioniert das eine Zeit lang
ziemlich gut, doch irgendwann kommen all die geleug-
neten oder unterdrückten Gedanken und Gefühle auf

die eine oder andere Art wieder zum Vorschein. Aus diesem Grund erleben viele Leute, die mit positivem Denken experimentieren, zu ihrer Überraschung, dass sich durch ihre Bemühungen, ihr negatives Denken loszuwerden, die Dinge nur noch verschlimmern. Statt sich von ihren negativen Gedanken und Empfindungen zu befreien, verstricken sie sich immer tiefer darin.

Verdrängung kann keine Heilung sein. Machen wir uns zunächst einmal bewusst:

Geistheilung ist uralt

Die geistige Heilung war die erste Form der Heilung überhaupt. Früher waren die Berufe Heiler, Priester und Lehrer noch identisch. Von den später aufkommenden Naturwissenschaften wurde die Geistheilung zwar stiefmütterlich behandelt, aber es bahnt sich heute ein Wandel an, besonders durch die Arbeiten von Professor Joseph Rhine, der in streng wissenschaftlichen Versuchen beweisen konnte, dass zum Beispiel die Vorstellungen einer weit entfernten Person zu Reizen und Informationen im Gehirn des Empfängers führen können.

Das heißt also, es ist heute auch wissenschaftlich gesichert, dass es geistige Heilung gibt, die telepathische Übertragung von Heilungsbotschaften, dass sie möglich ist, obwohl es der Wirklichkeit natürlich völlig gleich ist, ob sie als wissenschaftlich erwiesen gilt oder nicht.

Machen wir uns also noch einmal bewusst: Heilen kann nur der Geist. Jede Heilung ist immer eine geistige Heilung. Das heißt aber nicht, nur positiv zu denken und dabei die Naturgesetze zu missachten, sondern wir müssen die Wirklichkeit hinter dem Schein erkennen. Wir müssen erkennen (und wahrnehmen!), dass alles eine Erscheinungsform von Energie ist.

Was ist das: Energie? Was bedeutet Energie ganz konkret? Wir alle sind Schöpfer, ob wir uns dessen bewusst sind oder nicht. Ob bewusst oder unbewusst, schaffen wir alle Lebensumstände, Ereignisse, Begegnungen, Beziehungen, Dinge. Das können wir nur, weil überall eine Art Substanz zur Verfügung steht, die wir Energie nennen. Diese Energie ist bereit, in jeder Form in Erscheinung zu treten, sobald sie ein Schöpfer prägt. Die Form, die wir unseren Gedanken geben, prägt diese Substanz und lässt sie in Erscheinung treten. **Das heißt: Was immer ein Schöpfer in der Gewissheit des Glaubens denkt, muss in Erscheinung treten.**

Schon das Wort »Substanz« gibt uns wertvolle Hinweise, denn es kommt von »sub« (unter) und »stare« (stehen). Substanz ist also etwas, das etwas anderem untersteht. Das andere ist die EINE Kraft. Substanz untersteht auch den geistigen Gesetzen.

Die Wissenschaft beginnt gerade zu entdecken, was geistige Lehrer schon seit Jahrtausenden wissen: Unser Universum besteht in Wirklichkeit gar nicht aus Materie, sondern aus Energie. Materie ist verdichteter Geist. Auch wir sind Energie. Wir treten in Erscheinung nicht nur als Persönlichkeit. Das ist die äußere Erscheinung, die Form, die »Verkörperung«. Auf einer tieferen Ebene sind wir ein Energiefeld. Die Teile dieses Energiefeldes kommunizieren untereinander mit Lichtquanten. In Lichtgeschwindigkeit werden innerhalb unseres Körpers in jeder Sekunde Millionen von Botschaften ausgetauscht. So verständigen sich die Zellen untereinander. Derjenige, der diese Botschaften lenkt, ist das Bewusstsein, das ICH-BIN. Wenn wir den kinesiologischen Armtest machen, sehen wir, dass der Körper wie ein Messinstrument unmittelbar auf Veränderungen im Bewusstsein reagiert.

Kleines Beispiel: Alles, was wir wahrnehmen, hat einen sofortigen Einfluss auf unseren Körper. Niemand kann nicht reagieren. Machen wir uns einmal Gedanken darüber! Alles, was Sie sich im Fernseher zu Gemüte führen, alles, was Sie lesen, jedes Gespräch, das Sie führen, jeder Gedanke, der Ihnen einfällt, hat eine sofortige Wirkung auf Ihren Körper. Jetzt malen wir einmal bewusst in Schwarzweiß: Wenn ein Gedanke negativ ist, ein Eindruck, ein Bild, ein Film, ein Gespräch, dann kann das nur eine negative Wirkung haben. Und das hat es auch!

Machen Sie sich bewusst: Wenn jemand seine gereizte Stimmung über Sie verschüttet, was Ihnen nicht gut tut, dann haben Sie sich gerade etwas Negatives angetan. Viele glauben, die Höflichkeit verbiete es, solchen geistigen Müll, solche unheilsamen Gespräche zu unterbrechen. Ich will es Ihnen noch deutlicher machen:

Eine langjährige Nachbarin jammerte jeden Tag wieder und wieder beim Gespräch am Gartenzaun, wie schlimm

die letzte Nacht gewesen sei, und dass sie einen Notarzt ge-
braucht hätte… und dass sie nur eine Tablette nehmen
sollte, aber drei genommen hätte, und das hätte immer
noch nicht gereicht, … und dann hätte… Sie kennen solche
Gespräche!

Eines Tages, als mir bewusst wurde, wie ich »höflich« auf
solche Jammergespräche reagiere (wie jeder Mensch darauf
reagiert), habe ich sie sofort unterbrochen und sie gefragt:
»Warum erzählen Sie mir das?« Sie war völlig irritiert und
sagte: »Mein Gott, man wird sich doch noch einmal unter-
halten dürfen!« Meine ehrliche Antwort: »Natürlich, aber
das unterhält mich überhaupt nicht.« Dann ist sie beleidigt
ins Haus gegangen. Aber am nächsten Tag war sie wieder
am Zaun, als sie mich sah – und es ging gleich wieder los:
»Herr Tepperwein, die Nacht… Ach so, mit Ihnen darf man
ja über so etwas nicht reden.« Ich sagte ihr: »Doch, doch,
das dürfen Sie immer, aber versuchen Sie bitte in Lösungen
zu denken. Fragen Sie sich: Was ist jetzt zu tun? Was kann
ich unternehmen, dass es mir besser geht? Wie werde ich
heiler? Darüber können wir gerne sprechen!«

Ich darf Ihnen versichern, wir sind heute noch gute Freunde.

Mit anderen Worten, Sie brauchen nur den Mut zu erkennen, was Sie an geistig Unheilem zulassen, wenn
andere Menschen (oder die Zeitung, der Fernseher) geistigen Abfall verbreiten. Bewerten Sie mal die Fernseh-
nachrichten nach positiv und negativ: Sie finden kaum
positive. Für die Medien ist nur interessant, wer wen
wieder erschlagen hat. Wo werden positive Nachrichten
verbreitet? Das scheint keinen zu interessieren.

Jetzt könnten Sie fragen: »Ja, was mache ich denn in dieser Welt, die so negativ ausgerichtet ist? Ich kann ja nicht mit verschlossenen Augen durch die Welt gehen. Die Ohren verstopfen, nichts mehr sehen, hören, lesen. Das geht ja nicht.« Nein. Es kommt darauf an, wie Sie damit umgehen!

Wir sehen zum Beispiel bei mir zu Hause im Fernsehen nur noch spirituelle Filme. Ganz gleich, was läuft, auf welchem Programm und zu welchem Zeitpunkt. In unserem Fernseher laufen nur noch spirituelle Filme. Wenn man oberflächlich hinschaut, sind es die gleichen Filme wie bisher. Wenn Sie aber mit einem entsprechenden Bewusstsein hinschauen, dann wandelt sich jeder Film, jede Nachricht in ein spirituelles Ereignis: In einem anderen Bewusstsein nehmen wir alles distanziert wahr, fragen uns zum Beispiel: Was brauchen diese Menschen? Wie kann man die Dinge in Ordnung bringen? Wie kann ich vermeiden, dass dieses Unglück mir widerfährt? Wie kann ich dort hilfreich sein? Es kommt darauf an, was ich daraus mache. Dann ist plötzlich die ganze Welt in Ordnung, dann erkennt man auch »das Rettende in der Gefahr« (Hölderlin).

Es ist alles nur eine Sichtweise: Sie wissen, man kann sagen, dieses Glas ist halb voll oder halb leer. Der Pessimist sagt, es sei halb leer, und der Optimist sagt, es sei halb voll, und beide haben Recht. Man kann aber auch ganz neutral sagen: »Im Glas ist noch Wasser.« Sie können also neutral hinschauen und Sie können positiv hinschauen. Sie entscheiden, wie Sie mit Ereignissen umgehen.

Was sich in Ihrem Leben ereignet, steht oft nicht in Ihrer Macht (das Wetter zum Beispiel). Wie Sie jedoch damit umgehen, das liegt ganz in Ihrer Macht. Sie können sich ärgern, dann kostet es Sie Kraft und zieht Sie runter. Oder aber Sie erleben alles positiv, sehen es als hilfreich für Ihre Entwicklung, machen, wie man so schön sagt, »aus bitteren Zitronen süße Limonade«. Dann haben Sie vielleicht einen ganzen Tag Freude, nur weil ein anderer einen Fehler gemacht hat. Sie können aus seinem Fehler lernen. Ihre Welt ist in Ordnung.

Es kommt also immer darauf an, wie Sie damit umgehen. Auch das ist ein wichtiger Aspekt von geistigem Heilen. Wir sind noch bei dem Thema: was Energie ist, wie wir mit Energie umgehen, wie wir Energien lenken.

Das Lenken von Energie

Geistiges Heilen ist das Lenken von Energie. Geist ist die Verbindung von Intelligenz und Energie. Energie ist die Substanz, die uns zur Verfügung steht. Sie ist bereit, jede beliebige Form anzunehmen. Der Geist ist der Schöpfer. Er bestimmt, in welcher Form diese Energie in Erscheinung tritt. Das heißt, unser Bewusstsein ist wie ein Plan, der den Dingen die Form und die Richtung gibt, in der sie wirken.

So können wir auch geistige Heilung bewirken! Wir

können also sagen, das Wesentliche an allem Materiellen ist das Immaterielle, die geistige Struktur, die verborgene Wirklichkeit dahinter.

Mit jedem Gedanken geben wir der allgegenwärtigen Energie eine bestimmte Form und verändern damit die Schöpfung. **Das heißt, allein durch Ihr So-Sein verändern Sie die Welt.** Mehr als durch angestrengtes »positives Denken«. Was nützt es, wenn jemand neunzig Prozent des Tages Negatives ausstrahlt, aber nur zehn Prozent der Zeit sich »zusammenreißt« und »positiv denkt«. Einzelne Gedanken zu heilen, ist immer gut, reicht aber nicht. Wenn Ihr Geist geheilt ist, dann strahlen Sie mit Ihrem ganzen Sein eine positive Lebenseinstellung aus.

Jetzt machen Sie sich einmal bewusst, wie das aussehen könnte, wenn Sie diese Veränderung der Welt vornehmen, indem Sie selbst sich bewusst verändern. Denn sobald sich ein Teil des Ganzen verändert, verändert sich damit auch das Ganze. Gehen Sie bewusst in Ihre bestmögliche Form und verändern Sie die Welt!

Achten Sie vor allem darauf, was Ihre »geistige Nahrung« ist, wie wertvoll sie ist, wie sie Ihren Geist aufbaut. Lassen Sie alles los, was Ihren Geist trübt. Gerade Ihre Geistesstärke und Geistesgegenwart sind eine mächtige Selbstheilungskraft. Lesen Sie Bücher zum Thema »Die Macht der Gedanken«. Machen Sie eine richtige **Gedankenkur**: Sie sollten wissen, wie Sie für sich heilsame Affirmationen erstellen und anwenden (ein wichtiges Thema in meinem vorigen Buch *Gesund für immer*). Es gibt keine Heilung ohne heilsame Affirmatio-

nen, Heilungssätze. Eine solche Gedankenkur wirkt
wie Unkrautjäten im Garten, sie tilgt alle unheilsamen
Glaubenssätze aus Ihrem Bewusstsein. Das gehört zum
»Pflichtprogramm«, die eigenen Selbstheilungskräfte
zu aktivieren.

4. Heilung auf der emotionalen Ebene: Herzenergie

Du fragst, ob Emotionen etwas Schlechtes sind.
Emotionen sind nicht schlecht. Sie sind Leben. Sie
färben die Reichhaltigkeit unseres Lebens. Das
Problem ist unsere Sucht.
Die meisten Leute sehen nicht, dass die Sucht nach
Emotionen nicht nur eine psychologische, sondern
eine biochemische Sache ist.
Denke darüber nach.

Joseph Dispenza

Eines der häufigsten Probleme, denen ich in meiner Arbeit begegne, besteht darin, dass so viele Menschen den Kontakt mit ihrer Gefühlswelt verloren haben. Ich sehe darin aber auch einen Spiegel für mich selbst. Die Hilfe, die ich anderen Menschen gebe, hat mir daher selbst geholfen, mit meinen eigenen Gefühlen wieder stärker in Verbindung zu kommen. Denn wenn wir unsere Gefühle unterdrücken und uns von ihnen abgespalten haben, können wir nicht mit dem Universum in unserem Inneren in Berührung sein. Wir können unsere intuitive Stimme nicht vernehmen und unser Lebendigsein nicht genießen.

Es scheint mir, dass viele von uns als Kinder nicht genügend gefühlsmäßige Zuwendung bekommen haben.

Unsere Eltern wussten selbst nicht, wie sie mit ihren eigenen Gefühlen umgehen sollen, und noch weniger konnte sie es mit unseren. Vielleicht waren sie mit den Schwierigkeiten und Verpflichtungen in ihrem Leben so überlastet, dass sie uns nicht die Liebe und Geborgenheit geben konnten, die wir gebraucht hätten.

Was auch immer der Grund gewesen sein mag, Tatsache ist, dass wir im Leben sehr bald lernen, unsere Gefühle zu unterdrücken, wenn niemand da ist, der auf unsere Gefühle in positiver Weise eingeht. Wenn wir unsere Gefühle verschließen, sperren wir auch die Lebensenergie aus, die unseren Körper durchströmt. Die Energie der unterdrückten Gefühle bleibt als Blockierung in unserem Körper erhalten und verursacht seelisches und körperliches Unwohlsein. Schließlich werden wir davon krank. Wir werden abgestumpft und gefühllos.

Jeden Tag begegne ich in meinen Workshops und privaten Beratungen Menschen, die ihr ganzes Leben lang ihre Gefühlswelt vernachlässigt haben. Viele haben Angst, ihre so genannten »negativen« Gefühle zuzulassen: Traurigkeit, Schmerz, Wut, Angst und Verzweiflung. Sie befürchten, dass sie von diesen Gefühlen überwältigt werden, wenn sie sich für sie öffnen. Sie schrecken davor zurück, weil sie glauben, dass sie in der Erfahrung dieser Gefühle für immer stecken bleiben, wenn sie sich darauf einlassen.

Tatsächlich aber ist genau das Gegenteil der Fall. Wenn Sie bereit sind, ein bestimmtes Gefühl in seiner vollen Tiefe zuzulassen, befreit sich die blockierte Energie sehr schnell, und das Gefühl löst sich auf. In meiner Therapie unterstütze ich die Menschen darin, ihren blockierten Gefühlen freien Lauf zu lassen. Wenn das Gefühl erst einmal an die Oberfläche gekommen ist und bewusst erlebt werden kann, verschwindet es gewöhnlich innerhalb von Minuten. Es ist erstaunlich zu sehen, wie sich ein schmerzliches Gefühl in ein paar Minuten auflöst, das vorher dreißig, vierzig oder fünfzig Jahre lang unterdrückt worden ist. Nachdem es durchlebt wurde, tritt ein Gefühl der Befreiung und des inneren Friedens an seine Stelle.

Wenn man die blockierten Emotionen aus der Vergangenheit erst einmal befreit hat, erhält man viel mehr Lebensenergie und Vitalität. Man muss lernen, mit den Gefühlen in Kontakt zu bleiben, sobald sie einmal beginnen, an die Oberfläche zu kommen. Auf diese Weise können sie ungehindert in uns lebendig sein, und unsere Energiekanäle bleiben frei und offen.

Gefühle sind wie das Wetter bestimmten Zyklen und ständigen Veränderungen unterworfen. Im Verlauf einer Stunde, eines Tages oder einer Woche durchleben wir eine breite Gefühlspalette. Wenn wir dies einmal verstanden haben, lernen wir, alle unsere Gefühle zu genießen und zuzulassen, dass sie sich ständig verändern. Haben wir aber Angst vor bestimmten Gefühlen wie Traurigkeit oder Wut, dann ziehen wir die emotionale Notbremse, sobald sie in uns aufkommen. Wir wollen diese Gefühle einfach nicht zulassen. Deshalb bleiben wir auf halber Strecke darin stecken. Wir gehen niemals völlig durch sie hindurch.

Oft kommen Menschen in meine Workshops, um das »positive Denken« zu erlernen, weil sie nicht in ihren negativen Gefühlen verstrickt bleiben wollen. Sie sind dann sehr erstaunt, wenn ich sie dazu auffordere, ihre negativen Gefühle *mehr, nicht weniger* zum Ausdruck zu bringen! Nur wenn wir alle Teile von uns selbst lieben und akzeptieren, können wir frei werden und Erfüllung finden.

Wir neigen dazu, bestimmte Gefühle als »schmerzlich« zu betrachten und möchten sie deswegen am liebsten vermeiden. **Ich habe jedoch herausgefunden, dass diese Neigung nichts anderes ist als Widerstand gegen ein Gefühl.** Schmerz ist eine Reaktion des Körpers, die uns hilft, uns vor physischem Schaden zu bewahren. Wenn Sie auf eine heiße Herdplatte fassen, empfinden Sie Schmerz. Dies ist der Widerstand gegen die Empfindung von Hitze, die Sie spüren. Er veranlasst Sie, die Hand zurückzuziehen und damit eine Verletzung Ihres Körpers zu verhindern. Auf körperlicher Ebene ist Schmerz also ein nützlicher Mechanismus, der uns vor Gefahren schützt.

Wenn ein Gefühl jedoch nicht wirklich gefährlich ist, können Sie sich entspannen, und der Schmerz wird verschwinden. Wenn Sie zum Beispiel einen Muskel mehr dehnen, als Sie es gewöhnt sind, tut dies erst einmal weh. Entspannen Sie sich dann, lässt der Schmerz in der entspannten Lage mehr und mehr nach. Wenn eine Frau bei einer Geburt den Widerstand gegen die körperliche Empfindung aufrechterhält, wird sie Schmerzen haben. Je mehr sie sich in das Gefühl der Geburtskontraktionen hinein entspannen kann, umso weniger schmerzhaft wird die Geburt sein.

Auch im emotionalen Bereich verursacht der Widerstand gegen ein Gefühl Schmerzen. Wenn wir ein Gefühl unterdrücken, weil wir Angst davor haben, werden wir seelischen Schmerz empfinden. Wenn wir das Gefühl zulassen und es ganz annehmen, wird es zu einer intensiven Empfindung, die aber nicht schmerzlich ist.

In Wirklichkeit gibt es keine negativen oder positiven Gefühle. Wir machen sie erst durch unsere Einstellung und Bewertung negativ oder positiv, indem wir sie ablehnen oder annehmen. Für mich sind alle Gefühle ein Teil der sich ständig verändernden Sinneswahrnehmung, lebendig zu sein. Wenn wir all die verschiedenen Gefühle akzeptieren, dann werden sie zu den Regenbogenfarben des Lebens.

Emotionen:
so wechselhaft wie das Wetter

Unsere Gefühle sind ein wichtiger Teil der Lebenskraft, die uns ständig durchströmt. Wir blockieren den natürlichen Fluss dieser Lebenskraft, wenn wir es uns nicht gestatten, unsere Emotionen vollständig zu erleben.

Für die meisten von uns ist die Erkundung des spirituellen Bereichs überwiegend eine angenehme, bereichernde Erfahrung. Und weil unsere Kultur so intellektuell ist, liefert uns auch der geistige Aspekt unserer

Reise recht positive Eindrücke. Doch in jenem Bereich, wo emotionale Heilung notwendig ist, kommen sehr viele Leute leider nicht voran. Die meisten Menschen haben Angst davor, sich auf eine tief gehende emotionale Heilungsarbeit einzulassen.

Während die meisten von uns gelernt haben, ihre Gefühle zu unterdrücken, haben manche Menschen das gegenteilige Problem; sie lassen sich zu schnell von ihren Emotionen überwältigen, und es fällt ihnen schwer, ein emotionales Gleichgewicht zu wahren. Oft tragen sie die unterdrückten Emotionen anderer Menschen mit sich herum, sodass sie zusätzlich zu ihren eigenen Gefühlen auch noch die der anderen spüren und ausdrücken. Und dann gibt es Menschen, die in einer bestimmten emotionalen Haltung erstarrt sind und ständig aus dieser Emotion – Wut etwa oder Angst – heraus reagieren. All das sind Symptome für ein emotionales Ungleichgewicht.

Viele Lehrer und Heiler verwechseln die geistige und die emotionale Ebene oder halten sie für identisch. Sie sprechen davon, dass unsere Gedanken sich auf unsere körperliche Gesundheit auswirken, lassen aber den Einfluss unserer Gefühle auf die Gesundheit völlig außer Acht. Doch nach meinen Erfahrungen sind blockierte Emotionen einer der Hauptgründe für körperliche Erkrankungen. So wie alle unsere Seinsebenen sind natürlich auch unsere geistigen und emotionalen Ebenen stark miteinander verwoben. Man kann sie nicht völlig voneinander trennen. Dennoch sind Gedanken und Gefühle sehr verschieden, auch wenn sie zueinander in Beziehung stehen und sich gegenseitig beeinflussen.

Ich benutze gerne die Analogie, dass unsere Emotionen so wechselhaft wie das Wetter sind – manchmal dunkel, manchmal hell, einmal wild und intensiv, dann wieder ruhig und friedlich. **Kontrolle über die eigenen Gefühle zu erlangen, ist ein ebenso vergebliches und sinnloses Unterfangen wie der Versuch, das Wetter zu kontrollieren!** Außerdem wäre das Leben ziemlich langweilig, wenn wir immer Sonnenschein und exakt 21 Grad hätten. Wenn wir die Schönheit des Regens, des Windes und des Schnees ebenso zu schätzen wissen wie die Sonne, sind wir frei, das Leben in seiner ganzen Fülle zu genießen.

Übung zur Wahrnehmung von Gefühlen

Machen Sie diese Übung kurz nachdem Sie morgens aufgewacht sind:

Schließen Sie Ihre Augen und lenken Sie Ihre Aufmerksamkeit auf die Mitte Ihres Körpers – auf die Mitte unter Ihrem Herzen, den Solarplexus, den Bauch. Fragen Sie sich, wie Sie sich gerade fühlen. Versuchen Sie, die Gefühle von Ihren Gedanken zu unterscheiden, die Sie gerade in Ihrem Kopf haben. Fühlen Sie sich friedlich, aufgeregt, ängstlich, traurig, ärgerlich, fröhlich, frustriert, schuldig, liebevoll, einsam, erfüllt, ernst oder verspielt?
Wenn Sie ein unglückliches oder aufgebrachtes Gefühl in

sich entdecken, gehen Sie in das Gefühl hinein und geben
Sie ihm eine Stimme. Lassen Sie sich von ihm berichten,
wie es sich fühlt. Versuchen Sie, ihm wirklich zuzuhören
und seine Meinung zu erfahren. Seien Sie mitfühlend, lie-
bevoll und unterstützen Sie Ihre Gefühle. Fragen Sie, ob
Sie irgendetwas tun können, um besser für sich zu sorgen.
Wiederholen Sie diese Übung vor dem Einschlafen und zu
jeder anderen Tageszeit, die Ihnen geeignet erscheint.

Dem Menschen zu helfen, sich auf seine wahre Natur zu
besinnen und aus dieser Natur heraus zu leben, führt zur
Selbst-Identifikation und damit zur Auflösung von Problemen, Krankheit, Mangel und Leid. Nur dadurch können wir als neue Menschen in ein neues Leben treten.

Beziehungen heilen

Unsere Gefühle haben meistens etwas mit anderen Menschen zu tun. Wenn wir Beziehungen heilen, dann heilen wir damit auch schon einen Großteil unserer Gefühlswelt. Ich möchte Sie jetzt zu einer Übung einladen,
mit der Sie Ihre Beziehung heilen.

Stellen Sie sich vor, wo eine Beziehung zu einem Menschen
nicht in Ordnung ist, ganz gleich, wer der andere ist.
Machen Sie sich bewusst: Was hätte ich gerne in dieser Be-
ziehung? Wie wäre mir diese Beziehung angenehm? Dann
stellen Sie sich das bildhaft vor. Sie sehen einen Film mit

dem Titel: »Eine angenehme Beziehung.« Nun hinterfra-
gen Sie: Warum will ich das? Was ist mir daran wichtig?
Dann erkennen Sie: Ich will, dass der andere sich ändert,
damit ich mich nicht ändern muss.

Dann folgt die entscheidende Frage: Was wäre denn bei mir
zu ändern, damit ich in Harmonie mit der Situation, mit der
Beziehung zu dem anderen bin? Warum zögere ich? Warum
will ich das nicht? Wenn Sie die Fragen beantworten können
und die nötige Änderung bei sich selbst in diesem Augen-
blick vollziehen, haben Sie die Beziehung bereits geheilt.

Die Heilung einer Beziehung hat nie etwas mit dem anderen zu tun, immer nur mit Ihnen selbst. Der andere ist
immer nur der Botschafter des Schicksals, der Briefträger. SIE haben diese Situation notwendig gemacht. Diese Übung gibt Ihnen die Macht über alle Ihre Beziehungen zurück, auch die Macht, sie zu heilen.

Bitte stellen Sie sich jetzt den Menschen vor, der Ihnen das
Ärgste angetan hat, an das Sie sich erinnern können, der
Sie am Schlimmsten gekränkt, beleidigt, verletzt, gedemü-
tigt, enttäuscht hat. Gehen Sie in die Situation und fragen
Sie sich: Womit habe ich das verursacht? Noch wichtiger:
Warum habe ich das verursacht? Warum habe ich diese Er-
fahrung verursacht? Wohin soll mich das führen? Dann
können Sie die Heilung der Beziehung (auch wenn Sie gar
keinen Kontakt mehr zu dem Menschen haben) in Ruhe
vollziehen. Aber der wichtigste erste Schritt wäre, dem an-
deren zu verzeihen, weil Sie ihm eine Verantwortung zu-
geschoben haben, die die Ihre war.

*Machen Sie sich bewusst: Ich habe das Unheil der Bezie-
hung zumindest mitverursacht. Wenn der Briefträger
Ihnen eine Vorladung zum Gericht bringt oder einen un-
angenehmen Brief vom Finanzamt oder eine belastende
Diagnose von der Uniklinik, dann können Sie ihm keinen Vorwurf machen. Wenn er Ihnen im anderen Fall die
Nachricht der Lottogesellschaft bringt, dass Sie sechs Richtige haben, ist es gut möglich, dass Sie ihm einen Schnaps
spendieren oder ein großzügiges Trinkgeld geben. Das ist
eine verständliche spontane Reaktion. Aber auch dafür kann
er nichts. Der andere, durch den Ihnen etwas geschieht, ist
nur der Briefträger. Also entlassen Sie den anderen (jeden
anderen) aus der Schuld, aus dem Vorwurf und erkennen
Sie: Ich habe diese Erfahrung selbst verursacht. Der andere
kann nichts dafür, er ist »ent-schuldigt«.*

Mit dem ersten Schritt verzeihen Sie dem anderen vollkommen bedingungslos. Er hat Ihnen ja nichts getan. Es
ist nur durch ihn geschehen. Aber in einem zweiten
Schritt sollten Sie sich bei ihm wirklich entschuldigen,
dass Sie ihm die ganze Zeit die Schuld in die Schuhe geschoben haben, dass Sie ihm einen Vorwurf gemacht
haben für sein Verhalten. Dann haben Sie die Situation
bereinigt und können sie loslassen.

Zu dieser einfachen, aber sehr effektiven Übung gehört es, dass Sie sich eine Liste von allen Menschen machen, zu denen Sie eine wirkliche Beziehung haben, das
heißt, mit denen Sie intensive Gefühle verbinden. Ihre
Familie steht dabei natürlich an erster Stelle.

Prüfen Sie bitte bei jedem:

- Welche Vorwürfe mache ich diesem Menschen?
- Was will ich nicht und will ich anders haben?
- Welche Veränderungen erwarte ich von ihm?

Und dann der Perspektivenwechsel:

- Wie müsste ich mich verändern, damit die Beziehung geheilt ist?
- Was ist meine Verantwortung für das Unheil, die Kränkungen, die Verstimmung?

Verzeihen Sie dem Menschen:

- Entschuldigen Sie sich und
- lassen Sie los.

Dann sind Sie all diese Belastungen los, die Sie durch Ihr Urteil aus der Vergangenheit immer wieder in die Gegenwart gezogen haben. Denn solange Sie jemandem einen Vorwurf machen, bleibt diese Energie lebendig, und Sie schleppen sie mit sich rum, und sie wirkt weiter in Ihrem Leben.

5. Heilung auf der körperlichen Ebene: Körperbewusstsein

Warum kann ich mich nicht ändern? Wonach bin ich süchtig?
Was verliere ich, von dem ich chemisch abhängig bin? Welche Person, welchen Ort, welche Zeit, welches Ding oder Ereignis, an dem ich chemisch hänge, was ich nicht verlieren will, weil ich vielleicht einen chemischen Entzug durchmachen muss?
Daher das menschliche Drama.

Joseph Dispenza

Heilung auf der körperlichen Ebene wird möglich, wenn wir wieder lernen, unseren Körper zu spüren, ihm zuzuhören und ihm zu vertrauen. Unser Körper teilt sich uns klar und genau mit, wenn wir bereit sind, ihm zuzuhören.

Da der physische Körper unsere spirituellen, geistigen und emotionalen Wesensteile beherbergt, spiegelt sich jede Heilungsarbeit, die wir auf den anderen drei Ebenen leisten, in unserem körperlichen Wohlbefinden wider. In unserem Körper integrieren wir alle vier Existenzebenen und bringen sie zum Ausdruck. Je bewusster wir auf den anderen Ebenen werden, desto lebendiger fühlen wir uns im Alltag. Durch die Heilung auf den anderen Ebenen werden wir frei, unsere Aufmerksamkeit stärker auf den gegenwärtigen Augenblick zu richten. Wir spüren, dass wir besser in Kontakt mit unserem Körper sind und mehr in ihm leben.

Auch die traditionelle spirituelle Sicht, wie sie von den meisten Weltreligionen vertreten wurde, trug zu unserer Abgetrenntheit vom körperlichen Bereich bei. Der Körper wurde und wird auch heute noch als »Feind des Geistes« betrachtet, als Sitz der menschlichen Wünsche, Emotionen, Bindungen und Leidenschaften. Und das Ziel dieser Religionen besteht darin, diese menschlichen Neigungen zu überwinden und sich darüber zu erheben. Der Körper wird deshalb verachtet – man hält ihn gegenüber Geist und Seele für minderwertig oder sogar für schlichtweg böse. Also wird der Körper entweder ignoriert oder verteufelt: Er sei der Hort des Lasters, der Sucht, der Begierde: »Der Geist ist willig, aber das Fleisch ist schwach.«

Da wir keine Verantwortung mehr für unser körperliches Wohlergehen übernehmen wollen, sind wir in Fragen der körperlichen Gesundheit übermäßig von äußeren Autoritäten abhängig geworden. Natürlich ist es ratsam, Ärzte oder andere geschulte Fachleute zu konsultieren, wenn wir medizinische Hilfe benötigen. Aber es muss ein Gleichgewicht bestehen zwischen fremder Hilfe auf der einen und Selbstbewusstheit und Selbstvertrauen auf der anderen Seite. Wir sollten Ärzte und andere professionelle Helfer nicht als absolute Autoritäten betrachten (»Götter in Weiß«), sondern als »Sachverständige«, die uns auf unserem Weg zur Gesundheit assistieren. Es sind unsere Assistenten.

Ihr vollkommener Körper

Ihr vollkommener Körper ist derjenige, den Sie bereits haben. Es ist der Körper, den Ihr Geist erschaffen hat, um sich in physischer Form auszudrücken.

Aber die meisten zivilisierten Menschen haben nicht gelernt, ihren Körper wertzuschätzen, ihn zu lieben und für ihn zu sorgen, und ihre Körper spiegeln dann diesen Mangel an Liebe und Fürsorge. Wenn Sie möchten, dass Ihr Körper seine wahre Schönheit offenbart, müssen Sie eine liebevolle, fürsorgliche Beziehung zu ihm entwickeln. Das kann Zeit und Geduld erfordern.

Gesundheit und Wohlbefinden unseres Körpers sind eng verknüpft mit unserem emotionalen Wohlbefinden. Wenn wir uns emotional geboren und erfüllt fühlen, ist es viel wahrscheinlicher, dass wir körperlich gesund, vital und attraktiv sind. Unsere emotionalen Verletzungen, Konflikte und Blockaden drücken sich oft physisch in unserem Körper aus. Welche Gefühle wir unserem Körper entgegenbringen, ist sehr stark mit unseren grundlegenden Gefühlen bezüglich unserer Identität und unseres Selbstwertes verknüpft. Daher sind unsere Körpergefühle sehr tief gehend und vielschichtig.

Einen schönen Körper zu haben, fängt damit an, dass man dem natürlichen Fließen der eigenen Energie folgt, dem eigenen Körperrhythmus. Das bedeutet: zu schlafen, zu essen, zu ruhen und sich zu bewegen, wenn Sie es möchten. Es bedeutet, dass Sie lernen, sich selbst zu vertrauen.

Wenn Sie Ihren vollkommenen Körper zum Ausdruck bringen möchten, ist es sehr wichtig, dass Sie lernen, sich selbst zu lieben und zu achten. Alle Dinge entfalten ihre Schönheit, wenn sie durch Liebe und Wertschätzung genährt werden. Selbst-Liebe (aber nicht Egozentrik) ist die vollkommene Nahrung für einen vollkommenen Körper.

Schreiben Sie nun so viele Dinge wie möglich auf, die Sie tun können, um Ihre Selbstliebe auszudrücken. Konzentrieren Sie sich dabei auf Dinge, die Sie für Ihren Körper tun können.

Beispiele:

- Ein heißes Bad nehmen.
- Mir einen Blumenstrauß kaufen.
- Ein aus natürlichen, gesunden Zutaten bereitetes Feinschmeckermahl genießen.
- Mir eine teure, professionelle Massage gönnen.
- Schwimmen gehen.
- Einen Wochenendausflug planen.
- Mich einen halben Tag lang verwöhnen – ein wundervolles Essen genießen, klassische Musik hören, es mir auf dem Sofa bequem machen.
- Einen langen, einsamen Spaziergang machen und mich an meiner eigenen Gesellschaft erfreuen.

- Mitglied in einem Sportverein werden und zweimal pro Woche dorthin gehen.
- Meine Lieblingsmusik auflegen und dazu tanzen.

Spüren Sie die Energie des Körpers

Eines der großen Wunder des Körpers ist es, dass er ständig mit uns »spricht«; wir müssen seine Botschaften nur wahrnehmen. Das können Schmerzen sein. Dann sind die Botschaften schon sehr laut. Wir können aber auch die viel subtileren Energien des Körpers wahrnehmen.

Für eine vollkommene Heilung müssen wir das Wunder begreifen, dass der Körper nicht an irgendeiner Stelle Schmerzen bekommt, wenn wir eine Disharmonie im Bewusstsein haben, sondern genau an der ent-»sprechen«den Stelle, an der Stelle, die diesem Bewusstsein, dieser Disharmonie entspricht. Unser Körper, dieser wunderbare Botschafter des Lebens, sagt uns nicht nur, wo wir uns nicht lebensgerecht verhalten, sondern er zeigt uns stets auch genau, was zu tun ist, um wieder ganz in Harmonie zu kommen, und er schickt uns ständig Botschaften. Ich habe mehrere Bücher geschrieben, in denen diese Sprache des Körpers übersetzt wird. Eine Zusammenfassung finden Sie auch in dem Vorgängerband *Gesund für immer*.

Worauf ich Ihre Aufmerksamkeit jetzt lenken möchte: In diesem Augenblick, JETZT, bekommen Sie Botschaften von Ihrem Körper. Selbst wenn Sie sich vollkommen gesund fühlen, keinerlei Schmerzen haben, keine Beeinträchtigung in der Bewegung da ist.

Spüren Sie einmal die Energie des Körpers, wie sie jetzt ist:

Gehen Sie mit dem Scheinwerfer Ihres Bewusstseins durch den Körper. Spüren Sie Ihre Füße. Sind die Füße energetisch vollkommen in Harmonie? Wie fühlt sich im Vergleich dazu die Energie Ihrer Beine an? Gibt es da energetisch einen Unterschied – linkes Bein, rechtes Bein? Wie ist es mit der Energie Ihres Bauches? Spüren Sie die Energie im Bauch. Wenn Sie irgendwo eine Energie spüren, die nicht in Harmonie ist, während Sie Ihr Bewusstsein darauf richten, können Sie sie in Ordnung bringen. Wenn Sie also jetzt in einen Bereich kommen, der nicht ganz stimmt, dann lassen Sie ihn einfach stimmig werden.

Richten Sie Ihr Bewusstsein darauf und lassen Sie dort speziell Heilung geschehen. Dann spüren Sie die Energie Ihrer Brust, Ihres Herzens – ist in diesem Bereich alles in Ordnung? Oder gibt es da Unstimmigkeiten? Lassen Sie die Energie in Ihrer Brust stimmig werden – heil werden. Spüren Sie ebenso auch Ihren Rücken, und lassen Sie die Energie dort stimmig werden.

Dann machen Sie sich die Energie Ihrer Arme bewusst. Gibt es da wieder einen Unterschied – rechter Arm, linker Arm? Sind die Arme gleich? Spüren Sie auch die Energie der Hände, der Finger? Gehen Sie weiter als Bewusstsein durch Ihren Körper und erleben Sie Ihren Körper von innen als Energiefeld. Spüren Sie Ihren Hals und prüfen Sie

*die Energie Ihres Nackens. Dann kommen Sie zu Ihrem
Kopf. Spüren Sie Ihren Kopf als Energiefeld?
Wenn Sie genau hinspüren, fühlen Sie, es ist nicht eine
Energie, da sind mehrere, da sind viele. Machen Sie sich
diese Unterschiede bewusst. Vielleicht haben Ihre Ohren
eine andere Energie als Ihre Augen und die wieder eine
andere als Ihr Gehirn, und die Nase hat wieder eine andere
Energie als das Kinn. Machen Sie sich diese unterschiedlichen Energien bewusst. Jetzt bringen Sie die Energie in
Ihrem Kopfbereich in Harmonie. Stimmen Sie alle Energie
aufeinander ein. Sorgen Sie dafür, dass die Energie in Ihrem
Kopf im Einklang ist. Lassen Sie speziell energetische Heilung in Ihrem Kopf geschehen.
Jetzt machen Sie sich die Energie Ihres Bewusstseins bewusst, das diesen Körper durchdringt, erfüllt, aber auch
umhüllt und überragt. In welcher Energie ist Ihr Bewusstseinsfeld? Lassen Sie auch die Energie des Bewusstseins-
feldes harmonisch werden, heiler werden. Wenn Ihr Bewusstseinsfeld stimmt, dann lassen Sie jetzt die Energie
des Bewusstseins auf den Körper wirken. Spüren Sie, wie
die Bewusstseinsenergie und die verschiedenen Körper-
energien in Einklang kommen, wie Bewusstsein und Körper gleich schwingen, wie Wohlgefühl und ein Gefühl von
Stimmigsein entsteht.
Von Ihrem wahren Wesen her sind Sie im Einklang mit der
Schöpfung. Gehen Sie jetzt noch einen letzten Schritt weiter und stellen Sie sich vor, wie Ihr wahres Wesen – nennen wir es einmal reine Existenz – auf Ihr Bewusstsein
wirkt. Diese reine Existenz, die Sie von Ihrem Wesenskern
her sind, ist absolut vollkommen, heil, stimmig, in Harmo-*

nie, im Einklang. Werden Sie sich dieses wahren Wesens bewusst, dieser reinen Existenz, aber auch der Vollkommenheit dieser Existenz, und lassen Sie diese Vollkommenheit auf Ihr Bewusstseinsfeld wirken. Erfüllen Sie Ihr Bewusstseinsfeld mit der Schwingung dieses wahren Wesens, das Sie sind. Wenn wahres Wesen und Bewusstsein im Einklang sind, dann lassen Sie dieses Energiefeld des Einklangs jetzt auf den Körper wirken. Spüren Sie, wie es im Körper wirksam wird.

Geben Sie dem Körper Gelegenheit, diese vollkommene Schwingung widerzuspiegeln. Es ist die Schwingung Ihres wahren Wesens und Ihres Bewusstseins. Vielleicht spüren Sie dann Bereiche, die nicht stimmig sind, die Sie loslassen können. Das kann zum Beispiel Übergewicht sein. Aber Sie spüren auch dahinter: Wo mache ich es mir schwer im Leben? Wo trage ich unnötigen Ballast mit mir herum?

Gehen Sie jetzt ganz bewusst in die Energie des Loslassens. Fragen Sie sich: Was gehört nicht mehr zu meinem Leben? Wenn es Ihnen nicht gleich einfällt, gehen Sie bewusst durch die verschiedenen Bereiche des Lebens, zum Beispiel die partnerschaftliche Situation. Was ist daran nicht optimal? Wie würde es stimmen? Dann lassen Sie es so, wie es stimmt, in Erscheinung treten. Tun Sie das Gleiche mit Ihrer beruflichen Situation. Prüfen Sie energetisch: Wie weit stimmt sie, welcher Bereich kann optimiert werden? Dann lassen Sie diesen Bereich energetisch optimaler werden. Das heißt, Sie stellen sich nicht vor, welche Form er annehmen soll, wie der erwünschte Endzustand aussieht, Sie bringen nur Ihre Energien in Har-

monie. Sie bringen die Harmonie Ihres wahren Wesens in das Energiefeld Ihres Bewusstseins, in Ihren Körper, in Ihre Lebensbereiche, in Ihre Lebensumstände und lassen alles heiler werden.

Nach dem Gesetz der Resonanz ziehen Sie als harmonisches Energiefeld harmonische Zustände in Ihr Leben. Schauen Sie zu, wie die einzelnen Bereiche, beruflich, partnerschaftlich, spirituell, aber auch Ihre Wohnsituation, harmonischer werden, stimmiger. Sie brauchen nur dafür zu sorgen, dass das Energiefeld, das Sie sind, stimmt. Nach dem Gesetz der Resonanz ziehen Sie damit Umstände in Ihr Leben, die ebenfalls stimmen. Sie brauchen nur darauf zu achten, dass Sie im Einklang sind, dann ist Ihr Leben im Einklang. Dann kommt es nie wieder zu einer schmerzhaften Botschaft des Körpers, und Sie leben im Einklang mit ihm.

Wenn eine Disharmonie in Ihrem Leben bereits die körperliche Ebene erreicht hat, sich als massives körperliches Problem äußert, dann ist die Entwicklung eines sensiblen Körperbewusstseins der Schlüssel zur Umkehr. Lernen Sie Ihren Körper zu lieben »wie sich selbst«. Er ist die Visitenkarte Ihres Bewusstseins. Er ist nicht nur Ihr Gefährt durch dieses Leben, sondern auch Ihr engster Gefährte.

- **Lassen Sie, was Ihrem Körper schadet,**
- **tun Sie, was Ihren Körper stärkt,**
- **verstehen Sie, was Ihr Körper will.**

Wenn Sie auf der Suche nach einem idealen Partner sind: Es ist Ihr Körper. Sie sind ein wundervolles Heilteam: Versorgen Sie ihn mit dem, was er braucht, und er mobilisiert alle seine ihm zur Verfügung stehenden Heilkräfte.

6. Die Dynamik der Heilung

*Der größte Teil der Krankheiten hat seine Ursache
in dem Mangel, gesund zu denken.*

Ralph Waldo Emerson

In diesem Kapitel finden Sie eine kurze Zusammenfassung der Kapitel 1 bis 5. Machen wir uns noch einmal bewusst: Heilung kann auf verschiedenen Ebenen einsetzen.

Da ist zunächst die übliche Ebene, **die Körperebene**: Heilen über Medikamente, Spritzen, Operationen, Bestrahlung, aber natürlich auch mithilfe von Naturheilmitteln oder Geistheilung, die auf der körperlichen Ebene einsetzt.

Zweitens können wir auch **die Gefühlsebene** heilen: Die innere Sicherheit aufbauen, unser Selbstbild stärken, Verständnis haben, uns motivieren, das Richtige zu tun oder durchzuhalten.

Drittens kann Heilung einsetzen auf der **Ebene des Unterbewusstseins**, in der die Glaubenssätze zu Hause sind. Hier können wir vorhandene Fehlprogramme erkennen und durch gewünschte Programme ersetzen. Auf der Ebene des Unterbewusstseins kann man mit Suggestionen, Hypnose oder Selbsthypnose arbeiten.

Viertens kann man auf der **Ebene des Verstandes** arbeiten und heilen. Dort setzt zum Beispiel das Heilen durch Dia-gnose ein: die Zusammenhänge erklären, die Botschaft des Körpers und der Lebensumstände verstehen. Das heißt: die individuelle Ursache erkennen und die notwendigen Konsequenzen ziehen. Das kann eine Heilung auf der Ebene des Verstandes bewirken.

Fünftens gibt es das **Heilen auf der Seelenebene**: sich in die Schöpfung einschwingen, auf Seelenebene eins mit dem Kosmos werden.

Überall kann Heilung einsetzen. Eine sinnvolle und sehr wirkungsvolle Heilungsspirale aber setzt auf der Ebene der Seele und des Bewusstseins ein. Denn dort finden Sie den Kern Ihrer Gesundheit, Ihres Heilseins. Das ist der Weg, den dieses Buch weist. Wenn Sie mit dieser Heilkraft verbunden sind, können aus diesem inneren Kern auch die anderen Ebenen geheilt werden: zunächst der Geist und der Verstand, dann das Unterbewusstsein und die Emotionen und schließlich der Körper.

Das heile Bewusstsein klärt Ihren Geist, befreit Sie von Zweifel und Misstrauen. In Ihrem geheilten Geist haben Sie nicht nur ein neues Vertrauen ins Leben, sondern erkennen sich auch als Schöpfer. Sie erschaffen sich Ihre Welt und haben alle Macht, Ihr Leben zu ändern.

Die Emotionen stehen oft zwischen Geist und Körper. Eingebildete Ängste (vor der Zukunft) sind mentale Fehlprogramme, sie äußern sich zum Beispiel in Muskelverspannungen. Die Emotionen zu heilen, befreit am tiefsten, denn hier konzentrieren sich alle Blockaden. Hier wird auch die Kommunikation zwischen Geist und Körper zensiert, blockiert und verzerrt. Der Schritt zur Befreiung der Emotionen ist wie das Öffnen von Schleusen (oft fließen dabei viele Tränen) und kann einen richtigen Quantensprung im Heilungsprozess auslösen.

Befreite Emotionen ändern auch sofort Ihre körperliche Erscheinung. Ihr Gang wird aufrecht und geschmeidig. Sie strahlen Schönheit und Anmut aus. Wenn Sie sich nun noch bewusst mit den Energien Ihres Körpers verbinden können, dann steht einer nachhaltigen und sichtbaren Heilung nichts mehr im Wege.

7. Die Hilfe von Heilern: Annahme

Im Herzen wohnt der Arzt, der dich heilt; aus
Gott geht er hervor; des natürlichen Lichts ist er;
und der tiefste Grund aller Arznei ist die Liebe.

Paracelsus von Hohenheim

Faktoren des Heilungsprozesses

Meine Beschäftigung mit eingeborenen Heilern (Schamanen) hat mich in sechs Kontinente geführt. Über die Jahre hinweg hatte ich Gelegenheit, Zeuge vieler erfolgreicher Heilungen zu werden. Ich habe beobachtet, dass sich eine erfolgreiche Behandlung zwangsläufig auf eines oder mehrere der folgenden fundamentalen Prinzipien gründet, die auch den gemeinsamen Nenner des Heilens darstellen:

1. Bestimmte Persönlichkeitsmerkmale des Heilers scheinen die Genesung des Patienten zu fördern.
2. Die positiven Erwartungen des Patienten unterstützen diese Heilung.
3. Das Gefühl, die Krankheit kontrollieren zu können, stärkt den Patienten.

Heiler, Therapeuten und Ärzte stimmen darin überein, dass manche Heiler Charakterzüge besitzen, die therapeutisch wirken, während anderen diese Eigenschaft fehlt. Nicht nur die tatsächlich vorhandenen Wesensmerkmale des Heilers sind von Bedeutung, sondern auch diejenigen, die der Patient auf den Heiler überträgt. Der Vorgang der Projektion wird von Psychotherapeuten »Übertragung« genannt und spielt eine entscheidende Rolle in Bezug auf den Erfolg der Heilung.

Der große Psychotherapeut der humanistischen Psychologie, Carl Rogers, beobachtete, dass die Ausbildung und das Wissensreservoir des Therapeuten in keinem Zusammenhang mit den positiven Therapieerfolgen stehen, obwohl diese Hintergrundinformation für den Therapeuten wertvoll ist. Rogers erkannte, dass Mitgefühl, nicht besitzergreifende Wärme und Aufrichtigkeit, am engsten mit einer Verhaltensänderung des Patienten verbunden ist.

Der zweite gemeinsame Nenner der Heilung ist die Erwartungshaltung des Patienten. Viele Studien liefern eine Fülle von Beweisen für die Wichtigkeit der Erwartung des Patienten. Die Erwartung hinsichtlich des Heilungsprozesses erfüllt sich oftmals, wenn sie stark genug ist.

Durch Vertrauen in den Heiler und die Erwartung der Heilung ergibt sich auch das Gefühl, der Krankheit nicht mehr ausgeliefert zu sein, sondern mit geeigneten Maßnahmen wieder gesund werden zu können.

Wer kann heilen?

Die Antwort lautet klar und eindeutig: Niemand kann heilen, aber jeder kann sich als Kanal für die geistige Heilkraft öffnen. Dabei gibt es, wie überall, Anfänger und Meister.

Die Geistheilung ist weder ein Wunder noch etwas Übernatürliches, und jeder Mensch trägt die Fähigkeit hierzu in sich. Es geht nur darum, zur rechten Einsicht und dadurch auch zum rechten Tun zu kommen. Das Heilen ist nicht wenigen Bevorzugten vorbehalten, und Sie brauchen kein Mystiker oder gar Heiliger zu sein, um ein Werkzeug des Heilens zu werden. Sie brauchen keine Lichterscheinungen zu haben oder Stimmen zu hören, noch brauchen Sie einen Geistführer. Gott nimmt Sie so, wie Sie sind; Sie brauchen sich nur zu öffnen.

Jesus selbst sagte ja, dass auch wir die Dinge tun könnten, die er tat, und noch Größere, und er sandte seine Jünger in alle Welt, um zu lehren und zu heilen. Er heilte, indem er sich von dem äußeren Schein abwandte, die Krankheit gar nicht in sein Bewusstsein nahm, sondern die Vollkommenheit des wahren Selbst als Wirklichkeit und Gegenwart bejahte, sodass die schöpferische Urkraft diesen Zustand verwirklichte.

Es ist unser Schöpfungsauftrag, Gleiches zu tun. Dazu gehört, dass wir allen negativen Gedanken den Zutritt zu unserem Bewusstsein verwehren und die Wirklichkeit hinter dem Schein erkennen.

Das heißt auch, in jedem Menschen, der uns begegnet, die inkarnierte Göttlichkeit zu erkennen und zu begrüßen. »Grüß Gott« heißt ja eigentlich: Ich grüße den Gott in dir. Ich erkenne und bejahe die Vollkommenheit deines wahren Selbst.

Der geistige (Selbst-)Heiler bejaht die Erkenntnis, dass der andere JETZT gesund und in bester Ordnung ist, und hält diese Erkenntnis in seinem Bewusstsein fest, bis die geistige Heilkraft dieses vollkommene Bild auch auf der physischen Ebene verwirklicht hat.

Der Heilungssuchende sollte spürbare Ergebnisse erwarten und bereit sein, alle Gedanken an seine Krankheit, an eventuelle Hindernisse und Schwierigkeiten aufzugeben und sich dem Einstrom der geistigen Heilkraft zu öffnen.

Niemand braucht zu befürchten, dass er durch Unkenntnis oder gar Absicht diese Kraft missbrauchen könnte. Erstens sind seine Fähigkeiten, sich dem Einströmen der geistigen Kraft hinzugeben, abhängig von seinem Bewusstsein der Einheit. Aus diesem Bewusstsein heraus ist ein Missbrauch ausgeschlossen. Zweitens geschieht alles ohnehin nach dem göttlichen Plan, sodass der Heilungssuchende zum rechten Zeitpunkt zu dem für ihn richtigen Heiler geführt wird. Drittens wirkt ja nicht der Heiler, sondern die geistige Heilkraft durch ihn in Harmonie mit der Schöpfung.

Trotzdem hat jeder Heiler immer wieder Heilungssuchende, denen er – zumindest im Augenblick – nicht helfen kann. **Wenn jemand in sich nicht wirklich bereit ist, geheilt zu werden, dann kann ihn niemand**

heilen. Also sollte jeder Heiler allen persönlichen Ehr-geiz, helfen zu wollen, loslassen und einfach sein Bestes geben, gleich wie das Ergebnis ist.

Dabei sollten wir uns nicht entmutigen lassen, wenn die Ergebnisse nur langsam sichtbar werden. Schließ-lich haben wir meist Jahre gebraucht, um die uner-wünschten Zustände zu schaffen, also sollten wir uns auch einige Wochen Zeit geben, um nun erfreuliche und erwünschte Zustände herzustellen.

Manche Menschen glauben sogar, Krankheit sei Got-tes Wille und müsse geduldig ertragen werden. Es sind arme Menschen, die so denken, denn Gott will nicht, dass wir krank sind. Wie aber kann ein Mensch geheilt wer-den, wenn er glaubt, seine Krankheit sei Gottes Wille?

Der Körper sollte ein Segen sein, so ist er geschaf-fen worden, und es ist eine »Sünde«, krank zu sein. Das Wort »Sünde« bedeutet *Zielverfehlung,* einen Fehler ma-chen; und man macht gleich noch einen Fehler, wenn man glaubt, Krankheit sei natürlich und normal. Es gibt nur eine Krankheit: die Ordnung der Schöpfung zu verletzen, und jede Krankheit ist die Aufforderung, diese Ordnung wiederherzustellen, damit wir wieder IN ORDNUNG sind.

Dann verstehen wir auch, was der Apostel Paulus meinte, als er sagte: »Verwandelt euch durch Erneue-rung eueres Geistes« (Römer 12, 2).

Bedenken wir, dass alles Gewordene geformter und manifestierter Gedanke ist. Aber wenn wir unsere Ge-danken nicht kontrollieren, dann kontrollieren sie uns und bestimmen unser Sein.

Von Deepak Chopra gibt es eine wunderbare Geschichte über die kontrollierende Wirkung von Gedanken, die diesen Punkt noch mehr verdeutlicht. Bei der Ausbildung junger Elefanten in Indien ketten die Ausbilder die Tiere mit dem Hinterbein an einen dicken Baum. Nach kurzer Zeit gewöhnt sich der Elefant so an die Kette, dass er nicht mehr länger versucht sich zu befreien. Der Ausbilder verwendet dann immer kürzere Ketten. Irgendwann ist der Elefant so darauf konditioniert, angebunden zu sein, dass ein dünner Strick um das betreffende Hinterbein genügt, um ihn an seinem Platz zu halten. Es fesselt ihn also nicht das dünne Seil, das eigentlich kein Hindernis wäre, sondern sein Glaube, angebunden zu sein.

Wie bei diesen Elefanten wird auch bei uns unsere Erfahrung der Welt durch unsere Glaubenssätze gefärbt. Wir neigen dazu, entsprechend dem, was wir über uns selbst, andere Menschen und das Leben denken, unsere Erfahrungen zu deuten und unsere Welt zu gestalten.

Unsere Religion zeigt uns, dass es sogar eine wesentliche Aufgabe der Christen ist zu heilen. Heilen war ein großer Teil des Wirkens Jesu. Für ihn war jede Heilung eine Demonstration der allumfassenden Liebe Gottes. Und er sandte die Jünger in alle Welt, um Gleiches zu tun. Erst als an die Stelle der Religion die Konfession trat, geriet dieser Teil der Aufgabe in den Hintergrund.

Heilen ist ein Prozess, bei dem sich der Heiler vollkommen in Einklang bringt mit der einen Kraft, während er in seinem Bewusstsein die Wahrheit festhält, dass Heiler und Heilungssuchender eins sind mit dem einen, und sich so öffnet für das Durchströmen der einen Kraft, die dann die Harmonie und Gesundheit als natürlichen Zustand wiederherstellt.

Der Heiler als Geburtshelfer

Am wichtigsten ist die Erkenntnis, dass Heilung im Patienten geschieht. Egal mit welcher Methode behandelt wird, nicht der Arzt oder Therapeut ist für die Heilung verantwortlich.

Jede Heilung ist ausnahmslos eine Selbstheilung.

Wir leben in dem Irrtum, dass die Ärzte oder die Medizin die Menschen heilen. Dies ist schlichtweg eine Illusion, die auf einem Denkfehler basiert. Wir nehmen an, dass der Patient, der nach einer Operation gesund wird, dies aufgrund der Operation wird. In Wirklichkeit heilt die Operation nicht. Auch Medikamente heilen nicht, ebenso wenig wie Akupunktur, Kristalle oder Homöopathie. Der Patient, der operiert wird, ein Medikament einnimmt oder sich einer alternativen Heilung unterzieht, muss sich selbst heilen. Alle oben erwähnten Behandlungsmethoden können notwendig sein, um Blockaden zu entfernen, die die Selbstheilung behindern, oder um sie anzuregen, aber sie sind keine ausreichende Heilungsursache. Aus der medizinischen und praktischen Erfahrung wissen wir, dass dies stimmt. Wir wissen auch, dass es Patienten gibt, die trotz einer »erfolgreichen« Operation sterben.

Da Heilung in dem Patienten selbst geschieht, besteht kein Unterschied zwischen einer echten Therapie und einer Placebo-Behandlung. Alle Behandlungsmethoden sind Stimuli für die Selbstheilungskräfte, wobei die eine Methode bei dem einen Patienten erfolgreicher ist, die andere bei dem anderen.

Vergleichen Sie die Bilder, die bei dem Wort »Heilung« vor Ihrem geistigen Auge entstehen, mit denjenigen, die durch folgende Aussagen hervorgerufen werden: »Wir werden mit allen Mitteln dagegen ankämpfen. Wir werden über den Krebs siegen. Dies ist das stärkste Medikament, das Sie bekommen können.« Daraus sollte ersichtlich werden, dass wir es hier mit zwei völlig verschiedenen Einstellungen zu tun haben, die mit zwei unterschiedlichen Rollen des Therapeuten zu tun haben. Die eine führt dazu, die Krankheit zu behandeln, die andere verhilft der Gesundheit/Ganzheit zur Geburt.

Wenn eine wahre Heilung stattfindet, wird immer neues Leben geboren. Heilung ist kreativ und bringt Verhaltensmuster und Beziehungen hervor, die es vorher nicht gab. Anstatt einfach zu einer früheren Ebene der Lebensführung zurückzukehren, ist Heilung mit einer Neugeburt verbunden, und dabei braucht man einen Geburtshelfer und keinen Chirurgen.

Kriterien für heilsame Heiler

Ein berühmter Heiler, der verstorbene Engländer Harry Edwards, hat einmal gesagt: »Man wird niemals einen Heiler finden, der rechthaberisch, selbstsüchtig und arrogant ist und der keine Kraft abzugeben bereit wäre, ohne der vielfachen Vergeltung gewiss zu sein.« Die Heilungsgabe ist eine geistige Qualität, die einer geistigen Natur entspricht. Das bedeutet nicht, dass der Heiler unbedingt »kirchlich« gestimmt sein muss, denn Geistigkeit ist der Ausdruck der All-Liebe, Güte und Großzügigkeit und nicht der Zugehörigkeit zu einer Konfession.

Andererseits hat das Heilen durchaus seine irdischen Sonnenseiten, die auch auf den Heiler erwärmend wirken können. Es ist oft verbunden mit einer Machtposition und kann auch durchaus gewinnbringend sein. Geistheiler aber, die »im Abonnement« heilen, sich also Monat für Monat bezahlen lassen, oder gar solche, deren Interesse von vornherein mehr dem Geld als dem Patienten gilt, sind geistlos und sollten gemieden werden.

Das andere Extrem sind jene Heiler, die nichts verlangen und es dem Patienten überlassen, wie viel er geben will. Das wird dann von vielen Leuten gern ausgenutzt. Es ist offenbar auch für Geistheiler nicht ganz einfach, den goldenen Mittelweg zwischen Geld und Geist zu finden.

Leider tragen manche Heiler nicht unbedingt zur

Imagepflege bei. Viele zelebrieren ihre Kunst als magisches Ritual, weil sie letztlich selber nicht wissen, wie ihnen geschieht. Sie waschen sich die Hände, beten laut, versetzen sich in Trance, lassen meditative Musik laufen oder haben sonstige Kniffe, um sich für die energetische Heilquelle durchlässig zu machen und zu öffnen. Sie betreiben Psychohygiene, die der eigenen Person gilt und nicht den Patienten.

Denn die Heiler übertragen ja nicht die eigene Energie, sondern funktionieren lediglich wie Hochspannungsleitungen, an denen ihre Patienten angeschlossen sind; sie sind sozusagen »kosmische Zapfstellen« für Kraft und Wohlbefinden. Darum macht das Handauflegen auch nicht müde. Heiler, die Erschöpfung mimen, sind mit Sicherheit keine.

Kurz: Heiler sind Menschen wie du und ich, aber nicht alle Menschen sind Heiler. Letzteres wird nämlich neuerdings ebenfalls behauptet und vor allem erfolgreich vermarktet. Nirgends berühren sich derart die Extreme. Auf der einen Seite gibt es den gottähnlichen Heiler, der womöglich noch einen direkten Draht ins Jenseits besitzt, auf der anderen Seite die propagierte Alltäglichkeit des Handauflegens, als handle es sich bloß darum, das körpereigene Heizkissen einzuschalten.

Dabei ist es ähnlich wie in der Kunst. Natürlich kann man mit Fug und Recht behaupten, jeder Mensch sei ungemein kreativ. Trotzdem wird nicht jeder ein Künstler.

Die Ego-losigkeit des Heilers

Aus meiner Ausübung des Schamanismus weiß ich, dass schamanisches Heilen davon abhängt, demütig und aus tiefstem Herzen mit der ehrfurchtgebietenden Kraft des Universums zu kommunizieren.

Obwohl die spirituellen Heiler verschiedener Epochen und Kulturen nach außen hin unterschiedliche Techniken verwendet haben, glaube ich, dass jeder von ihnen in irgendeiner Weise Zugang zu einer verborgenen Realität gehabt haben muss, um die Kraft und Weisheit des Universums an die Notleidenden zu übermitteln.

Erfolgreiche Heiler in aller Welt arbeiten mit genau den Methoden, die für sie und die Menschen, denen sie helfen, geeignet sind. Schließlich begreifen wir als menschliche Wesen die verborgene Wirklichkeit in einer Weise, die unsere eigene Geschichte und die unserer Gesellschaft widerspiegelt. Ich kenne beispielsweise eine berühmte Heilerin in Indien, die bei ihrer Arbeit eine bewusste Verbindung mit einem bestimmten Hindu-Heiligen aufnimmt.

Für sie ist dies die richtige Methode, in Kommunikation mit der verborgenen Kraft des Universums zu treten, da sie als Hindu ein Gefühl und eine Bewusstheit für die höhere Macht des Universums und einen Zugang zu dieser Macht findet, wenn sie sich auf »ihren« Heiligen konzentriert. Für einen Schamanen in einer Stammesgemeinschaft ist vielleicht ein anderes spirituelles Bindeglied ähnlich dem Heiligen erforderlich. Dies kann eine heilige Pflanze oder sogar ein Stein sein wie zum Beispiel ein Quarzkristall. Welche Form auch immer es hat, wird es etwas sein, das eine tiefe Resonanz im Herzen des Heilers auslöst und vor dem er große Achtung verspürt.

Dieses Bindeglied öffnet das Herz des Heilers so stark, dass er in gewissem Sinne von der Bildfläche »verschwindet«, weshalb er es auch nicht für nötig hält, die Heilung sich selbst als Verdienst anzurechnen. In gewisser Weise ersetzt dieses Bindeglied sein Ego. Es ist von entscheidender Bedeutung, diese Einstellung zu erlangen, denn in dem Maße, wie der Heiler in seiner alltäglichen egozentrierten Realität haften bleibt, behindert er die Macht im Universum, die Wunder bewirken kann.

Der inneren Weisheit folgen

Ein Heiler ist ein Mensch, der andere darin unterstützt zu lernen, ihrer eigenen inneren Wahrheit zu vertrauen und ein erfülltes und freieres Leben zu führen. Um sich selbst zu heilen, müssen die Menschen erstens erkennen, dass tief in ihrem Inneren eine innere Führung wohnt, und zweitens, dass sie dieser vertrauen können. Meine eigene Arbeit besteht darin, den Menschen einfache Möglichkeiten zu zeigen, wie sie in Kontakt mit ihrer inneren Weisheit kommen können, und sie zu er-

mutigen, dieser Stimme zu vertrauen und sich von ihr
führen zu lassen.

*Betrachten wir ein einfaches Beispiel. Nehmen wir einmal
an, Sie versuchen sich zu entscheiden, ob Sie einer Einladung folgen sollen. Wenn Sie wie die meisten Menschen
sind, neigen Sie sicherlich dazu, die Entscheidung haupt-
sächlich vom Verstand her zu treffen, indem Sie folgender-
maßen argumentieren: »Also wenn ich zu der Party gehe,
könnte ich den und den treffen. Ich könnte ein paar gute
Kontakte knüpfen. Aber vielleicht sollte ich doch lieber zu
Hause bleiben und mich ausruhen.« Oder Ihre Reaktion
wird von Angst bestimmt: »Wenn ich nicht hingehe, wird
der Gastgeber gekränkt sein, und vielleicht mag er mich
dann nicht mehr. Oder ich könnte etwas Wichtiges verpassen.« Wenn man auf diese Weise Entscheidungen fällt, behindern einen die eigenen Vorstellungen.*
*Wenn Sie jedoch lernen, sich auf Ihre Intuition einzustim-
men, werden Sie ganz einfach spüren, wohin im Augenblick am meisten Energie fließt, und Sie wissen spontan,
was Sie am liebsten wollen, auf die Party gehen, zu Hause
bleiben oder etwas anderes tun.*

Zusammenfassend kann man sagen, dass ein guter Therapeut seinen Patienten, Klienten oder Schülern helfen
kann, in Berührung mit ihrer inneren Weisheit zu kommen und ihr immer mehr zu vertrauen. Natürlich können dies die verschiedenen Therapeuten oder Heiler
unterschiedlich zum Ausdruck bringen. Aber ich bin
davon überzeugt, dass der Grund für eine wirkliche

Heilung darin liegt, dass die Menschen eine innere Wahrheit finden und lernen, ihr zu vertrauen, sie zu respektieren und in Übereinstimmung mit ihr für sich zu sorgen.

Je mehr Therapeuten und Lehrer dies zu erkennen beginnen, desto bewusster wird die Heilung darauf abzielen, die Menschen zu lehren, ihrer inneren Stimme zu vertrauen und gut für sich selbst zu sorgen, anstatt sich an äußeren Autoritäten zu orientieren. Mit anderen Worten: Es wird weniger Gewicht auf äußere Führer, Heiler und Lehrer gelegt und mehr Nachdruck darauf, sich selbst kompetenter zu machen.

Diese Verlagerung des Schwerpunkts bedeutet nicht, dass es keinen Platz mehr für Lehrer, Heiler und Therapeuten geben wird. Es bedeutet nur, dass wir erleben werden, wie sich die Rollen der Lehrer und Schüler, Heiler und Patienten immer mehr verändern, und dass sie gleichberechtigter werden in einer Beziehung, in der wir alle uns gegenseitig heilen und voneinander lernen.

Der innere Heiler

Alle Heilmethoden schaffen eine Gelegenheit zur Heilung. Dazu kann die operative Entfernung eines Tumors gehören, um dem übrigen Körper die Möglichkeit zu geben, wieder gesund zu werden. Es kann aber auch bedeuten, dass ein Psychotherapeut, Hypnotherapeut oder Schamane eine Situation erzeugt, in der Gedankenmuster, Emotionen oder »böse Geister, die an der Krankheit schuld sind«, verändert und vertrieben werden, sodass der Organismus sein gesundes Gleichgewicht wieder finden kann. **Eine Gelegenheit zur Heilung zu schaffen**, bedeutet auf jeden Fall, die Faktoren zu beseitigen, welche die angeborene Selbstheilungsfähigkeit des Körpers beeinträchtigen, und diejenigen Faktoren zu unterstützen, die diese Fähigkeit fördern und anregen.

Meine eigene Arbeit in der präventiven Medizin und mit chronisch Kranken basiert zum Großteil auf der Annahme, dass Heilung ein natürliches Geschehen, ein angeborener Mechanismus des Organismus ist. Es gibt eine physiologische Intelligenz, die dazu dient, die Homöostase oder das Gleichgewicht des Körpers angesichts der verschiedenen Bedrohungen von außen und innen aufrechtzuerhalten.

Von diesem Gesichtspunkt aus betrachtet, sind die Krankheitssymptome oftmals Warnungen, die uns auf Bedürfnisse aufmerksam machen, die nicht erfüllt sind.

Krankheit kann vielleicht als eine westliche Form des Anstoßes zur Meditation betrachtet werden. Im Westen, wo die Tradition der Meditation nicht sehr verbreitet ist und die Menschen nicht die Gewohnheit haben, von Zeit zu Zeit in sich zu gehen und über ihr Leben nachzudenken, zwingt eine Krankheit – und manchmal nur eine sehr schwere Krankheit wie ein Herzanfall oder Krebs – den Betreffenden dazu, innezuhalten und in Ruhe Bilanz zu ziehen. In der Tat kommt es sehr häufig vor, dass Menschen, die an einer schweren Krankheit leiden, einen tieferen Sinn in ihrem Leben finden und neue Prioritäten setzen.

Wenn Menschen schwer erkranken, versuchen sie oftmals, mit der Instanz »zu verhandeln«, die sie für das organisierende Prinzip des Universums halten. Sie sagen beispielsweise: »Wenn ich von dieser Krankheit wieder genesen bin, werde ich meiner Familie mehr Zeit widmen« oder »Ich werde meine Kreativität entfalten« usw. Manchmal führen sie die versprochenen Veränderungen wirklich durch, manchmal aber auch nicht. Manchmal dauern sie an, manchmal auch nicht. Aber wenn keine Veränderung eintritt oder die Veränderungen nicht von Dauer sind, bekommt der Betreffende oft einen neuen »Denkzettel« in Form eines Rückfalls oder erneuter Krankheit.

Aus diesem Grund lehre ich eine Technik, die ich »in Berührung mit dem inneren Ratgeber kommen« nenne. Man könnte den inneren Ratgeber auch den inneren Arzt oder ganz einfach die innere Weisheit nennen. In jedem Fall können die Menschen Zugang zu ihm finden, wenn sie lernen, innerlich ruhig und rezeptiv zu werden. Deshalb bringe ich den Menschen als Erstes bei, wie sie einen Zustand geistiger und körperlicher Entspannung und Ruhe herstellen können. Damit sie sich körperlich entspannen, helfe ich ihnen, ihre Aufmerksamkeit auf ihren Körper zu konzentrieren, wobei sie jeden Körperteil entspannen, während sie gleichzeitig tief atmen. Dieser Prozess dauert ungefähr zehn Minuten. Dann bitte ich sie, sich vorzustellen, dass sie sich an einem heiteren und sicheren Ort befin-

den. *Dies kann ein Ort sein, den es wirklich oder nur in der Fantasie gibt. In jedem Fall versetzt man sich in einen Zustand, in dem man für den inneren Dialog bereit ist, wenn man sich in der Fantasie an diesen besonderen Platz in seinem Innern begibt.*

Dann bitte ich sie, ein Bild von einem sehr weisen, liebevollen Wesen auftauchen zu lassen, das sie gut kennt. Dies ist das Wesen, das wir den inneren Ratgeber nennen. Es kann praktisch jede Gestalt annehmen. Manche Menschen sehen archetypische Symbolfiguren wie den weisen alten Mann oder die weise alte Frau. Andere visualisieren Licht, Geister, Krafttiere, Bäume oder sogar das Meer. Die Form spielt keine Rolle, solange sie die weise, liebevolle Gestalt repräsentiert, die mit uns vertraut ist. Danach fordere ich die Leute auf, den inneren Ratgeber zu fragen, ob er etwas über ihre Krankheit weiß, ob sie etwas über ihre Krankheit erfahren können und ob sie irgendetwas tun können, um wieder gesund zu werden. Ich ermutige sie, sich für die Botschaft des inneren Ratgebers zu öffnen und empfänglicher dafür zu sein.

Die Antworten treffen oftmals erstaunlich genau zu. Gewöhnlich besteht die Antwort aus einem einfachen, doch sehr genauen und häufig ausgezeichneten Ratschlag, der sich auf körperliche Veränderungen wie eine Ernährungsumstellung oder auf emotionale oder spirituelle Veränderungen wie die Lösung von inneren Konflikten bezieht. Immer sind es Veränderungen, die notwendig sind, damit das Gleichgewicht des gesamten Organismus wiederhergestellt werden kann. Diese Methode ist eine Möglichkeit, die Bedrohung und das Problem einer Krankheit in eine Chan-

ce zu verwandeln, etwas zu erfahren, was dem Betreffen-
den dazu verhelfen kann, eine höhere Ebene des Wohlbefin-
dens zu erlangen.

Häufig verwende ich auch eine ähnliche Methode, die ich
»auf das Symptom hören« nenne. Diese Übung besteht
darin, sich auf ein Symptom zu konzentrieren und zuzu-
lassen, dass vor dem geistigen Auge ein Bild auftaucht, das
dieses Symptom darstellt.

Danach nimmt man den Dialog mit diesem Bild auf, um
herauszufinden, warum es da ist, was es will und wie man
den Bedürfnissen gerecht werden kann, die sich dahinter
verbergen.

Meiner Ansicht nach gibt es nur wenige Faktoren, die
wichtiger sind als die Art und Weise, wie der Arzt mit
seinem Patienten spricht. Ich kann mich an keinen einzigen Fall entsinnen, wo es nicht notwendig oder ge-
rechtfertigt gewesen wäre, den Patienten zu beruhigen.
Wenn die Aussichten der Behandlung nicht positiv dar-
gestellt werden, werden die Behandlungserfolge beein-
trächtigt. Die Einstellung zur Behandlung wirkt sich
wiederum auf das Immunsystem aus. Die Hoffnungen
des Patienten sind die besten Verbündeten des Arztes.
Der Arzt, der sich diese Hoffnungen zunutze macht und
sie stärkt, schafft eine Atmosphäre, in der seine Behandlung die optimale Wirkung erzielen kann.

Hilfe durch Geistführer

Jeder Mensch hat geistige Führer, die ihn durch viele Inkarnationen begleiten. Zusätzlich hat man Geistlehrer, die einem für spezifische Aufgaben zur Seite gestellt werden.

Wenn Sie Künstler sind, werden Sie von künstlerisch orientierten Geistlehrern inspiriert. Sie sind mit solchen Lehrern verbunden, die in der geistigen Welt, wo die Formen noch vollkommener und schöner sind, als wir sie auf der irdischen Ebene schaffen können, zu Ihrer Art von schöpferischer Arbeit eine Beziehung haben.

Um mit Ihrem Führer in Kontakt zu kommen, brauchen Sie das ruhige, friedvolle Bewusstsein, dass Sie eins sind mit Gott, dass allen Teilen Ihres Seins ein göttlicher Funke innewohnt und dass Sie vollkommen sicher sind. Diese Einstellung bringt Sie in einen Zustand innerer Ruhe, der Ihre Ohren öffnet.

Obwohl ein Geistführer in Wirklichkeit weder männlich noch weiblich ist, noch irgendeiner Nationalität angehört, sehen Sie ihn vielleicht als dicken Buddha oder als eine elegante Französin oder etwas anderes.

Ich kenne einen Hellseher, dem sein Geistführer als wohlgeformte Blondine in Hotpants erschien. In manchen Kulturen, zum Beispiel bei vielen Indianerstämmen in Nordamerika, werden die Geistführer traditionell in Tiergestalt gesehen.

1. *Sitzen Sie für ein paar Augenblicke in Meditation und fal-ten Sie dabei die Hände. Das schafft einen geschlossenen Energiekreis.*

2. *Formulieren Sie im Geist die Bitte, dass einer Ihrer Geist-führer erscheinen möge.*

3. *Öffnen Sie die Hände, schaffen Sie so eine empfangende Haltung und lassen Sie dann Ihre Eindrücke zu Ihnen kommen. Sie sehen vielleicht eine Person, vielleicht auch ein Muster oder eine Farbe. Oder Sie sehen gar nichts, aber wissen vielleicht, wie Ihr Führer aussieht, oder Sie hören eine Stimme, die Ihnen ihn oder sie beschreibt.*

4. *Fragen Sie Ihren Führer nach seinem Namen. Sie können ihn gesprochen oder auf Ihrem geistigen Bildschirm ge-druckt sehen, oder vielleicht kennen Sie ihn schon.*

5. *Fragen Sie Ihren Führer, was seine oder ihre Absicht für Sie ist oder was sein oder ihr spezielles Aufgabengebiet ist.*

6. *Sagen Sie Dank, verabschieden Sie sich und kommen Sie aus der Meditation.*

Sie können diesen Vorgang so oft wiederholen, wie Sie wollen, um Ihre verschiedenen Führer kennen zu lernen. Sie können auch darum bitten, einen bestimmten Führer zu sehen, indem Sie zum Beispiel im Geiste bitten: »Ich würde gerne meinen Gesundheitsführer sehen.«

Zusammenfassung:
die Hilfe von Heilern

Wie immer im Leben kommt es auf die richtige Balance an. Dieses Buch legt das Gewicht auf die Eigenverantwortung für die Aktivierung der Selbstheilungskräfte. Doch Heilung bedarf immer auch der Hilfe von Menschen, die heiler sind als Sie selbst und dadurch Ihre Selbstheilung fördern können:

- Jeder Arzt und Therapeut kann ein Heiler sein, wenn er nicht nur Symptome lindert oder pharmakologisch zum Verschwinden bringt, sondern auch Anregung zu tieferen Heilungsprozessen und zur Veränderung der Lebensweise gibt. Machen Sie am besten immer die Probe und holen Sie sich unterschiedliche Meinungen ein. Vergleichen Sie den Therapieplan des Arztes mit dem eines Naturheilkundlers oder Heilpraktikers. Versuchen Sie den Therapieplan immer zu verstehen, werden Sie Experte Ihrer eigenen Krankheit und geben Sie keine Verantwortung mehr ab.
- Eine große Hilfe sind auch andere Betroffene und Selbsthilfegruppen. Der Austausch über die eigene Lebensproblematik kann sehr hilfreich sein, und oft findet man bei diesen Menschen Verständnis und Mitgefühl wie bei niemand sonst. Das Gefühl, nicht alleine zu sein und verstanden zu werden, kann schon sehr viel Hoffnung wecken und Ihre Selbstheilungskräfte in starkem Maße aktivieren.

- Natürlich kann auch Ihr Freundes- und Bekanntenkreis zu Ihrem persönlichen Heilkreis werden. Schnell können Sie Menschen, die Sie nur bemitleiden, von Menschen unterscheiden, die Ihnen eine wirkliche Hilfe sind. Sie dürfen jetzt »rücksichtslos« sein und sich von Situationen und Menschen trennen, die Ihnen nicht gut tun. Sie entwickeln ein immer stärkeres Gespür für das, was und wer Ihnen wirklich gut tut.

- (Geistige) »Heiler« werden von Hilfesuchenden – oft als letzter Strohhalm – dann aufgesucht, wenn die Schulmedizin sie »austherapiert« hat. Sie suchen nach einem Wunder, weil ihnen der Arzt vielleicht gesagt hat: »Jetzt hilft Ihnen nur noch ein Wunder.« Dann ist man also auf der Suche nach einem »Wunderheiler«.

  Lassen Sie sich dabei nicht von Scharlatanen täuschen, denen es nicht um Ihre Heilung geht. Ein wirklicher »Heiler« hat nie ein aufgeblasenes Ego und gibt nie vor, bei Ihnen ein Wunder bewirken zu können. Wirklich heilende Menschen weisen immer darauf hin, dass sie selbst nicht heilen können, sondern nur ein Mittler sind zwischen Ihren eigenen Selbstheilkräften und der kosmischen Energie. Heiler sind keine »Showmaster«, sondern bescheidene Menschen, aus denen eine warmherzige Liebe spricht.

- Eine große Hilfe ist auch Ihr »innerer Heiler«, die Weisheit Ihres Körpers. Nehmen Sie mit ihm Kontakt auf, geben Sie ihm einen Namen, sprechen Sie mit ihm: Stellen Sie Fragen und seien Sie offen für die

Antwort. Für viele ist es sehr nützlich, sich die Fragen vor dem Zubettgehen zu stellen. Die Antwort kommt dann oft über Nacht.

• Vielleicht haben Sie auch den Mut, Kontakt zu Ihrem Geistführer (Engel, Schutzengel oder wie immer Sie ihn nennen mögen) aufzunehmen und ihn um Hilfe zu bitten. Sie brauchen Ihrem Geistführer kein Geschäft vorzuschlagen: »Wenn du mich heilst, dann mache ich das und das!« Auch Geistführer können Ihnen Ihre Heilungsaufgabe nicht abnehmen. Das wäre so, als wenn Eltern die Hausaufgaben ihrer Kinder machen würden. Aber Sie können um Hilfe bitten, um Ihr Lebensthema selbst zu bewältigen, das sich in Ihrer Krankheit zum Ausdruck bringen will. Dieser ständige Kontakt zu Ihrem Geistführer oder Schutzengel kann Ihnen das Vertrauen ins Leben zurückgeben. Das Leben will sich in Ihnen entfalten – und will immer nur das Beste für Sie.

• Krankheit hat auch immer etwas mit anderen Menschen zu tun, zeigt eine Disharmonie zu anderen Menschen an. So sollten Sie in Ihrem Heilungsprozess auch die Beziehung zu anderen Menschen heilen und sich der Hilfe anderer Menschen öffnen. Geben Sie aber nie die Selbstverantwortung für Ihre Gesundheit und Gesundung aus den Händen.

8. Diagnose als Heilung: Durchblick

Ihr, die ihr leidet, wisset: Ihr leidet durch euch selbst. Niemand zwingt euch dazu, dass ihr leidet. Auch Befreiung vom Leiden kommt nur aus euch selbst.

Gautama Buddha

Ein wichtiger Schritt zur wirklichen Heilung ist die richtige Dia-gnose (griechisch: »Durchblick«, »Erkenntnis«). Das heißt nicht die Unterdrückung der Information der Krankheit. Diagnose heißt auch nicht, den richtigen lateinischen Namen für das Symptom zu kennen, sondern **den Durchblick haben**, die wahren Zusammenhänge zu erkennen und aufzuzeigen und so den anderen oder sich selbst zu einer »heilenden Erkenntnis« zu führen.

Jede Behandlung kann immer nur so gut sein wie die Diagnose. Nach kompetenter Aussage von ärztlicher Seite ist jede zweite Diagnose – einige sprechen sogar von sechzig Prozent – falsch. Aber selbst wenn sie richtig ist, werden in der Regel nur Symptome diagnostiziert, nicht die Krankheit selbst. Symptome sind nur die Zeichen einer Krankheit, nicht aber die Krankheit selbst.

Ich habe dazu ein einfaches und leicht verständliches Beispiel: Das Öldruck-Kontrolllämpchen Ihres Autos leuchtet rot auf, und Sie fahren in die Werkstatt. Was würden Sie davon halten, wenn der Mechaniker sagt: »*Haben wir gleich!*« *und das Lämpchen herausdreht? Oder er wechselt das rote Lämpchen aus und ersetzt es durch ein grünes!* »*Schauen Sie, alles wieder im grünen Bereich!*« *Ein ganz Schlauer trennt das Kabel des Lämpchens einfach ab:* »*Sehen Sie, brennt nicht mehr!*«*

Wenn eine Autowerkstatt so mit dem Alarmsignal Ihres Autos umgehen würde, hätte sie wohl bald keine Kunden mehr.

Aber ein Großteil unserer Medizin arbeitet so! Statt die Ursache zu beseitigen (fehlendes Öl im Motor), wird an dem brennenden Kontrolllämpchen »*herumgedoktert*«*. Die* »*Durchtrennung des Kabels*« *im übertragenen Sinne zwischen Ursache und Schmerzempfinden ist leider in der Medizin ein durchaus gängiges Verfahren.*

Was aber ist Krankheit? Krankheit ist das körperliche Zeichen einer geistig-seelischen Fehlhaltung oder eines Fehlverhaltens. Heilen, ohne die wirkliche Ursache zu erkennen und zu ändern, ist nicht möglich.

Die klassische Medizin interessiert sich vor allem für Symptome. Nur etwa die Hälfte der festgestellten Symptome werden dem richtigen Krankheitsbild zugeordnet, und selbst dann werden nur die Äußerungen der Krankheit behandelt, nicht aber die Krankheit selbst. Bei der anderen Hälfte werden noch dazu falsche Maßnahmen ergriffen, die erst recht zu falschen Ergebnissen oder gar zu einer anderen, durch die Behandlung verursachten Krankheit führen.

Wir müssen daher zu einer ganz neuen Form der Diagnose kommen: weg von der symptomatischen und organischen Diagnose und hin zu einer wirklich kausalen Diagnose. Denn der Mensch ist ein Energiefeld, und wenn seine Energiepotenziale in Harmonie sind, ist er auch gesund. Ein Therapeut, der selbst in Harmonie ist und dieses Heilsein bewusst oder unbewusst übertragen kann, ist das beste Medikament. Der nächste Schritt ist, dem Patienten die Zusammenhänge aufzuzeigen und ihm zu helfen, die »notwendigen« Konsequenzen zu ziehen. Dann erst kann man das Symptom abstellen, oder aber es verschwindet von selbst.

Diese Form der Diagnose könnte man auch mit einer »Schau des Wesentlichen« übersetzen, mit der man den Kranken zu einer befreienden Einsicht führt, die einen Bewusstseinsschub auslöst, durch den die Sinnhaftigkeit des Vorganges erkannt wird. Hat der Patient verstanden, ist er zur Einsicht gekommen, kann er sich dankend von seinem Symptom verabschieden – er braucht es nicht mehr.

Es hat seine Aufgabe erfüllt und kann gehen – von selbst, wie es gekommen ist. Ist der Patient jedoch nicht lernwillig, möchte nur das lästige Symptom oder den Schmerz beseitigen, zwingt er das Leben, über seinen Körper ein neues Symptom mit derselben Information zu schaffen. Das Spiel beginnt von vorn.

So ist jeder Mensch im eigentlichen Sinne des Wortes so lange krank, bis er sich an sein wahres Selbst erinnert, an den, der er wirklich ist und der in ihm lebt als ICH BIN. Schön, wenn er auf diesem Weg einen kompetenten Helfer findet, einen Freund, der ihn an seine wahre Natur erinnert, dann braucht es die Krankheit nicht zu tun. Und so findet die alte Frage bei einer Krankheit, »Was fehlt mir eigentlich?«, eine ganz neue Antwort, nämlich: eine bestimmte heilende Erkenntnis. Jedes Symptom enthält die ganz konkrete Information, welche heilende Erkenntnis fehlt.

So ist eine wirkliche Diagnose bereits die Therapie, und die Einsicht verleiht der Diagnose ihre Heilkraft. Ein Sufi-Sprichwort sagt: »In dem Augenblick, wo dein Wesen berührt wird, ist Heilung schon geschehen.« So wird die wahre Diagnose zur Therapie der Zukunft mit »Einsicht« als Universalmittel.

Die beste Diagnose

Wenn ein Patient mich um eine Diagnose bittet, achte ich vor allem darauf, die drei Energiesysteme in Übereinstimmung zu bringen: seines, meines und die kosmische Energie. Ich möchte dies an einem Beispiel erläutern:

Eine übliche Diagnose könnten lauten: Sie haben Krebs.

Eine Diagnose zweiten Grades könnte lauten: Sie haben Krebs, weil Sie ein Partnerproblem haben.

Eine Diagnose dritten Grades könnte lauten: Sie haben Krebs durch ein Partnerproblem, weil Sie mit Ihrer Schwiegermutter nicht auskommen.

Eine Diagnose vierten Grades könnte lauten: Sie haben Krebs und ein Partnerproblem mit Ihrer Schwiegermutter, weil Sie sich selbst nicht annehmen.

Eine Diagnose fünften Grades könnte lauten: Sie haben Krebs durch ein Partnerproblem mit Ihrer Schwiegermutter, weil Sie sich selbst nicht annehmen und sich nicht so lieben können, wie Sie sind.

Eine Diagnose sechsten Grades könnte lauten: Sie haben Krebs durch ein Partnerproblem mit Ihrer Schwiegermutter, weil Sie sich nicht annehmen und so lieben können, wie Sie sind, weil Sie noch nicht erkannt haben, wer Sie wirklich sind.

Die beste Diagnose (= Durchsicht) könnte lauten: Sie haben Krebs durch ein Partnerproblem mit Ihrer Schwiegermutter, weil Sie sich selbst nicht annehmen und so lieben können, wie Sie sind, weil Sie sich selbst noch nicht erkannt haben *und weil Sie durch diese Krankheit den Weg finden, die Wirklichkeit nicht nur zu erkennen, sondern zu erleben, sich mit dieser Wirklichkeit zu identifizieren und als sie selbst zu leben.*

Aus der Zusammenarbeit von Ratsuchendem und Therapeut ergibt sich ein Blick auf das Lebensmuster. Das

Ziel ist, wirkliche Bewusstheit zu erlangen. Eigenverantwortung und Lebensmeisterung werden gefördert und treten an die Stelle von Lebensvermeidungsstrategien.

Heilung durch Chakra-Diagnose

Wenn ein Heiler seine Sache gut macht, dann heilt bereits seine Diagnose. Dann ist die Diagnose zugleich hundert Prozent Therapie. Wenn die Diagnose zu dieser heilenden, verändernden Einsicht geführt hat, ist alles geschehen. Es ist keine Therapie mehr erforderlich, sondern Heilung vollzieht sich jetzt von selbst. Deswegen ist die Diagnose so wichtig.

Für eine tief gehende spirituelle Diagnose kann sich der Therapeut den Chakren oder Energiepunkten des Patienten zuwenden. Hier ein praktisches Beispiel dafür:

Machen wir uns einmal die einzelnen Energiezentren des Körpers bewusst. Das unterste Chakra ist das Wurzelchakra. Es befindet sich dort, wo die Beine zusammenkommen. Genau an diesem Berührungspunkt ist der Sitz der schöpferischen Urkraft, der Lebenskraft und der Verwurzelung. Richten Sie Ihre Aufmerksamkeit auf diesen Punkt und spüren Sie, was dieser Energiepunkt braucht.
Das zweite Chakra ist das Sakral- oder Kreuzbeinchakra. Es befindet sich zwischen dem Nabel und dem untersten Chakra, also eine gute Handbreit unter dem Nabel. Das ist

der Punkt der physischen Energie, der Vitalität und der Se-
xualität. Dort können Sie das Fehlen von Vitalität feststel-
len und sich selbst oder dem Patienten Lebenskraft zuströ-
men lassen.

Der dritte Energiepunkt ist das Nabelchakra. Es ist das
Zentrum des Selbstwertgefühls und der Persönlichkeit.
Erstaunlicherweise können Sie dort den Verstand klären,
Gedanken in Harmonie bringen und überhaupt Harmonie
herstellen oder das Selbstbewusstsein heben.

Dann kommen wir zu einem Punkt in der Mitte der Brust,
dem Herzchakra. Es ist das Tor zur Seele, zum Wir-Be-
wusstsein und zum Mitgefühl. Es ist auch der Sitz der Liebe
und der Herzlichkeit. Sie spüren all diese Qualitäten dort
und können sie dort in Ordnung bringen.

Der nächste wichtige Punkt ist das Kehlchakra. Es ist zu-
ständig für die Verbindung zwischen Körper und Geist
und für die Kommunikation. Dieser Kehlpunkt ist bei den
meisten Menschen gestört, weil die Verbindung zwischen
Seele, Körper und Geist nicht offen ist und die Energie dort
nicht frei fließen kann. Richten Sie Ihre Aufmerksamkeit
dorthin, um die blockierte Energie wieder zum Fließen zu
bringen.

Das sechste Chakra ist das Stirnchakra oder das dritte
Auge. Es ist der Sitz der Erkenntnis, der Intuition und der
Fähigkeit, die Wirklichkeit hinter dem Schein zu erkennen.
Helfen Sie sich selbst oder dem Patienten, das dritte Auge
zu öffnen.

Und vergessen Sie nicht den siebten Punkt, das Scheitel-
oder Kronenchakra. Es liegt genau am höchsten Punkt des
Kopfes und ist der Sitz des kosmischen Bewusstseins, des

ICH-BIN-Bewusstseins, der Selbst-Identifikation, aber auch
des reinen SEINS, der unmanifestierten Existenz und des
Nichts. Richten Sie Ihre Aufmerksamkeit ganz speziell auf
diesen Punkt und klären Sie seine Energie.

Wenn Sie eine solche spirituelle Diagnose und Therapie
mit einem Patienten oder einem lieben Menschen machen, indem Sie jeden einzelnen Punkt diagnostizieren
und wahrnehmen, was dort zu tun ist, können Sie dabei
auch mit der Person sprechen und sie fragen:

- Was empfindest du an diesem Punkt?
- Was fehlt nach deiner Meinung dort?
- Stimmt das auch?
- Ich würde gerne heilende Energie hinzufügen. Bist
  du einverstanden?
- Wie empfindest du das? Geschieht es bereits? Ist es
  schon vollzogen? Braucht es noch mehr?
- Oder gibt es da ein Hindernis? Fließt die Energie nicht?
  Was fehlt nach deiner Meinung noch? Schauen wir
  einmal gemeinsam hin.
- Wie kann ich den Fluss in Gang bringen?
- O.k., dann mache ich das jetzt.

So harmonisieren Sie alle sieben Energiepunkte, besonders aber den obersten. Das ist spirituelle Diagnose,
Therapie und Kontrolle in einem. Die Kontrolle erfolgt
durch Kommunikation mit dem anderen: Ist das für dich
jetzt so in Ordnung? Fehlt da noch was? Ist das klar? Ist
das stimmig? Ist es in Harmonie? So können Sie auch

die sieben Punkte Ihres eigenen Energiesystems in Ordnung bringen.

Es kann sein, dass Sie in Ihrer Diagnose, die ja eine intuitive Diagnose sein sollte, erkennen, dass es da außer diesen sieben Punkten noch einen anderen Energiepunkt gibt, der Hilfe braucht.

Jetzt nehmen Sie Ihren Lichtfinger, Energiefinger oder wie immer Sie ihn nennen, das kann jeder Finger sein. Bei mir ist es der Zeigefinger, bei manchen ist es auch der Mittelfinger. Dann prüfen Sie: Wo ist der Punkt? Kann ich den anderen mit dem Energiefinger berühren, oder bleibe ich besser in einer Distanz? Wie lange lasse ich Energie fließen? Nun nehmen Sie nicht einen Laserstrahl, sondern kosmische Energie, die durch Ihren Energiefinger genau an die richtige Stelle geht. Sie stellen also bei Ihrer Diagnose fest, wo ein Energiedefizit besteht, und machen eine spirituelle Akupunktur...

Den Sinn der Krankheit erkennen

Was letztendlich wirklich heilt, ist – wie gesagt – die Diagnose im hier vertretenen Sinn von Bewusstwerdung und Durchblick in die wahren Zusammenhänge von Krankheit und Heilung. Der Durchblick vermittelt Einsicht in die Bedeutung der Krankheit für den Kranken; die Diagnose verschafft dem Patienten Zugang zum Sinn, den jede Krankheit in sich trägt.

Denn Krankheit kann erst dann vergehen, wenn sie dem Kranken die in ihr liegende Botschaft vermittelt hat. Hat der Patient die Botschaft begriffen, dann hat das Leiden seinen Sinn erfüllt; es ist überflüssig geworden.

Aus diesem Blickwinkel betrachtet, ist die übliche Therapie oft sogar eher eine Verhinderung wahrer Therapie, da bei ihr Arzt und Patient gemeinsam nur an der Unterdrückung von Krankheitssymptomen interessiert sind. Der Arzt verbucht stolz einen Heilungserfolg, der eigentlich nichts anderes als die Verdrängung eines wichtige Informationen enthaltenden Symptoms darstellt, und der Patient freut sich über die Tatsache, dass er weiterhin ganz der Alte (und damit tragischerweise auch der Kranke) bleiben darf und nichts an seinem Leben ändern muss.

Wahre Diagnose dagegen hätte ihm vielleicht sein Symptom nicht gleich weggenommen, aber ihm Einblick in die Zusammenhänge verschafft, ihm die tiefe Bedeutung und den Sinn seiner Erkrankung erkennen geholfen. Als Folge des Begreifens der im Symptom liegenden Information müsste der Patient freilich oft ein Mehr an Verantwortung für sein Leben übernehmen. Dies ist natürlich weniger bequem, als einfach ein symptomverdrängendes Mittel zu schlucken.

Führt Diagnose zur Bewusstwerdung der Krankheitszusammenhänge, so bewirkt sie damit einen Entwicklungsschub beim Patienten. So dient Krankheit, richtig verstanden, der menschlichen Evolution. Sie möchte dem Heilungssuchenden durch das Kranksein die Einsicht vermitteln, dass in seinem Leben etwas nicht in Ordnung ist, und ihn durch das Symptom dazu veranlassen, den zur Bereinigung der Situation nötigen Entwicklungsschritt zu tun. **Im weitesten Sinne ist also jeder Mensch so lange krank, bis er heil (im religiösen Sinne:** »**heilig**«**) geworden ist.**

Die individuellen Krankheiten, die er auf diesem Weg durchmacht, sind Entwicklungsreize, die deutliche Botschaften in sich tragen. Sie sollen dem Kranken erkennen helfen, was als Nächstes auf dem Wege des »Heilwerdens« zu tun ist. Dabei ist jeder Schritt ein Zuwachs an Bewusstsein, was zeigt, dass das Heilwerden mit Bewusstwerden zu tun hat.

Kürzer formuliert: **Je bewusster, desto heiler.** Oder im Sinne der hier aufgestellten These: **Bewusstheit (Diagnosis) ist Heilung, und Krankheit ist nur der Stimulus für eine tiefere Heilung.**

Wenn der Kranke sich also die Frage stellt: »Was fehlt mir?«, so kann ihm der wahre Heilkundige aus der Art der Krankheit hilfreiche Hinweise zur Beantwortung dieser Frage geben. Denn wie Sie bereits wissen: Jedes spezifische Krankheitsbild enthält ganz konkrete Informationen darüber, was dem Kranken zu seinem Heilwerden wirklich fehlt. Dies zu sehen, ist eine der Aufgaben der Diagnostik.

Heilung durch Bewusstwerdung geht aber noch viel weiter. Denn Krankheit ist oft Ausdruck einer unehrlichen Lebenssituation oder eines Festhaltenwollens an einer Lebenslüge, und sie möchte den Kranken durch den Leidensdruck veranlassen, ehrlicher zu werden. So können beispielsweise Erkrankungen der Nieren ein Hinweis auf eine verfahrene partnerschaftliche Situation sein. Nach der bildhaft analogen Denkweise spiritueller Betrachtungen sind die Nieren unter anderem deswegen ein partnerschaftsbezogenes Organ, weil sie als typisches Merkmal die Paarigkeit aufweisen und weil sie das Gleichgewicht zwischen der (archetypisch männlichen) Säure und der (archetypisch weiblichen) Base im pH-Wert des Blutes herstellen.

Ist im Leben der energetische Ausgleich zwischen Mann und Frau gestört, so zeigt sich dies beispielsweise im Organbereich in der unzulänglichen Fähigkeit der Nieren, den optimalen pH-Wert aufrechtzuerhalten. Oder eine Versteinerung in der Ausgleichsbereitschaft innerhalb einer Beziehung kann über die Jahre als Nierenstein sichtbar werden. Bezeichnenderweise finden sich übrigens Nierensteine bei Männern statistisch häufiger, denn offensichtlich sind Männer in der Partnerschaft weniger kompromissbereit.

So betrachtet kann man sagen, dass die Erkenntnis, unheil zu sein, heilend wirkt, ebenso wie übrigens das ehrliche Eingeständnis von Charakterfehlern diese bereits zu überwinden beginnt. Hier wird auch eine besonders wichtige Eigenschaft wahrer Diagnose erkennbar: die der Akzeptanz. Diagnose ohne Akzeptanz ist gefährlicher und schädlicher als überhaupt keine Diagnose. Erst der Schritt wertfreien Annehmens des diagnostizierten Tatbestandes, das Einverstandensein, verleiht einer Diagnose ihre Heilungskraft: In dem Mo-

ment, wo Ihr Wesen berührt wird, ist die Heilung schon
geschehen.

Erfahrene Homöopathen kennen das Phänomen, dass
sich Beschwerdebilder bereits dann, wenn der Patient zu
seinen Symptomen befragt wird, zum Positiven hin verändern können. Es können sogar gravierende Schmerz-
zustände noch während der Anamnese (der Erhebung
der Krankheitsgeschichte) verschwinden. Was geschieht
hier genau?

Der Patient setzt sich, angeregt durch die Befragung
des Arztes, mit seinen Symptomen auseinander und
wendet sich ihnen aufmerksam zu. Das ist eine Form
von Liebe. Durch immer exaktere Beschreibung kommt
er ihnen Schritt für Schritt näher. Er verhält sich damit
ein erstes Mal atypisch. Statt sich, wie üblich, nur gegen
seinen Schmerz zu wehren, ihn wegschieben und verdrängen zu wollen, wendet er sich ihm interessiert zu.

Er möchte ihn ganz genau kennen lernen, um ihn dem
Arzt so differenziert wie möglich vorstellen zu können.
Und während er den Schmerz immer genauer zu be-
schreiben sucht, hat sich dieser auf einmal verflüchtigt.

Findet der Kranke sich selbst, so wird er heil(ig) im
Sinne der Inschrift des Tempels zu Delphi: »Erkenne
dich selbst, und du wirst Gott erkennen.«

Dies gilt in letzter Konsequenz freilich nur für die to-
tale Selbstfindung, wie sie in Erleuchtungserfahrungen
stattfindet. Wer Erleuchtung erlebt, ist heil. Oder er ist,
trivialer ausgedrückt, gesund. Dann führt die Diagnose
zu kosmischem Bewusstsein.

9. Schritte zur Anamnese: Selbsterkenntnis

Hast du dich je aus der Sicht einer Person betrachtet, die du geworden bist?
Was für eine Initiation!
Hast du jemals einen Moment innegehalten und dich durch die Augen des ultimativen Beobachters betrachtet?

Ramtha

Vor einer Diagnose kommt die Anamnese, die »Krankheitsgeschichte«. Mit diesem Kapitel möchte ich Ihnen helfen, Ihre eigene »Anamnese« zu erstellen. Ziel ist es, dass Sie statt einer »Krankheitsgeschichte« Ihre eigene »Lebensgeschichte« (v)erfassen.

Viele Menschen sind enttäuscht, dass der Arzt ihnen gar nicht richtig zuhört. Aber haben Sie gelernt, sich selbst zuzuhören? Wären Sie in der Lage, sich ein ganzes Wochenende hinzusetzen, um sich selbst zuzuhören? Bei einer Krankheit (vor allem, wenn sie chronisch geworden ist), steht man irgendwann vor der Aufgabe, sein Leben zu überdenken:

- Wie habe ich meine Krankheit verursacht?
- Bin ich bereit, für mein Leben und damit auch für meine Krankheit die Verantwortung zu übernehmen?

- Wie kann ich meinem Leben eine neue Richtung geben?
- Wie kann ich selbst eine Heilung herbeiführen?

Ich lade Sie zu einem solchen »Selbstgespräch« mit behutsamer Lenkung durch dieses Buch ein. Nehmen Sie sich ein Wochenende Zeit, legen Sie Papier und Bleistift (gerne auch Notebook und Drucker) bereit und bearbeiten Sie folgende Fragen zu Ihrer persönlichen »Lebensgeschichte«. Sie müssen sich dabei nicht strikt an die Fragen halten. Sicher werden Ihnen schnell weitere Fragen einfallen. Nur zu! Es ist nicht mehr als eine Anregung für ein Selbstgespräch.

Doch üben Sie sich in Disziplin. Es ist bedeutsam, dass Sie Ihr Selbstgespräch auch protokollieren. Diese schriftliche Heilungsarbeit (auch ein Stück geistiger Heilung) darf Sie gerne anregen, ab jetzt ein Heilungstagebuch zu führen. Vielleicht beginnen Sie gerade JETZT mit den ersten Seiten Ihres Heilungstagebuches und schreiben »Kapitel 1: Meine persönliche Anamnese«.

Die Bilanz Ihres Lebens

Wenn eine Krankheit Ihnen signalisiert, dass Ihr Leben wohl nicht optimal verläuft, sollten Sie sich fragen, ob Sie auf dem richtigen Weg sind, was Ihr Lebensziel ist, und ob der eingeschlagene Weg wirklich zum Ziel führt. Sie sollten sich fragen, was erfüllt ist und losgelassen

werden kann, was noch offen ist und verwirklicht werden sollte.

- Warum bin ich? Warum existiere ich überhaupt?
- Warum bin ich so, wie ich bin? Warum bin ich nicht anders?
- Wie könnte ich anders sein?
- Warum bin ich hier? An diesem Ort? Zu dieser Zeit? Was ist meine Aufgabe, und wie erfülle ich sie?
- Wie bin ich, und wie sollte ich sein (wie bin ich wirklich »gemeint«)?
- Wie habe ich meine Lebensumstände verursacht? Warum sind sie nicht optimal? Wie lassen sie sich optimieren? (Wir haben gelernt, unsere Lebensumstände zu beschreiben, aber wir haben nicht gelernt, sie zu beherrschen. Wir sind Schöpfer der Lebensumstände, aber leben wie Opfer der Umstände, die wir selbst geschaffen haben und jederzeit ändern können).
- Was will ich im Leben erreichen? Und warum ist mir das wichtig?
- Was soll aus meinem Leben verschwinden? Was möchte ich jetzt loslassen?
- Was fehlt mir noch?… zum Glück… zum Erfolg? Warum?
- Was sind die »Täler der Tränen« in meinem Leben? Warum habe ich das Gefühl gehabt, eine Lebensniederlage erlitten zu haben?
- Wie bin ich damit umgegangen? Sind die Wunden geheilt?
- Was waren die Höhepunkte in meinem Leben?

Sind es vergangene Episoden, oder gibt es immer noch Rückenwind?

- Wofür brennt meine Leidenschaft, meine Begeisterung?
Oder ist meine Lebensfreude schon verblasst?
- Gibt es etwas, wofür ich sterben würde?
- Erkenne ich Etappen in meinem Leben? Wann war der letzte »Quantensprung«, der mein Leben wirklich sprunghaft verändert hat?
- Habe ich überhaupt das Gefühl, mich weiterzuentwickeln, oder drehe ich mich eher im Kreis?
- Was sind die wichtigsten Begrenzungen in meinem Leben? Was und wer begrenzt mich?
- Welche Wünsche habe ich noch an mein Leben? Welche Träume?
- Wie kann ich sie erfüllen?
- Welche Absichten habe ich? Und welche Aussichten?
- Was habe ich bisher dafür getan?
- Was bin ich bereit, jetzt zu tun?
- Was hat Priorität?
- Wer oder was spielt die Hauptrolle in meinem Leben? Bin ich selbst der Steuermann meines Lebens oder eher Beifahrer?
Sitze ich vielleicht sogar auf dem Rücksitz?
- Was ist mir wirklich wichtig: Erfolg? Anerkennung? Geld? Besitz? Liebe? Oder ICH SELBST?
- Bin ich immer ehrlich zu mir selbst? Wo betrüge ich mich selbst? Wo mache ich mir etwas vor?
- Vor welcher Herausforderung bin ich immer weggelaufen? Welche habe ich mutig angenommen?

- Was ist mein größter Wunschtraum? Ist er realistisch? Habe ich ein klares Bild in mir, wie er verwirklicht aussieht?
- Wann will ich ihn verwirklichen?
- Bin ich bereit, JETZT damit zu beginnen?
- Bin ich bereit, gleich heute mein Leben zu verändern?
- Was ist mein Ziel, was ist der Weg, was sind die Schritte, Hindernisse, Möglichkeiten?
- Was muss ich JETZT tun, um am Ende meines Lebens sagen zu können:
  »Ich habe wirklich gelebt.«

Wenn Sie sich diese und verwandte Fragen beantwortet haben, dann haben Sie schon ein gutes Selbstbild erstellt, Ihre Lebensgeschichte als Möglichkeit und Wirklichkeit gezeichnet.

Bestimmt erkennen Sie Lebensthemen, grundlegende Konflikte zwischen Wunsch und Wirklichkeit. Dies können wir im nächsten Fragenkomplex vertiefen:

Fragen zur Konfliktanalyse

Unser heutiges Gesundheitswesen ist ganz auf die Krankheit abgestimmt anstatt auf die Gesundheit, wie es eigentlich sein sollte. Aber die Krankheit ist bereits die Endstufe einer Störung, die nicht erkannt oder unterdrückt wurde. Eine funktionelle Krankheit bedeutet, dass Sie ein geistig-seelisches Problem haben, das

Ihnen Ihr Organismus in seiner Sprache bewusst machen möchte, damit Sie es lösen können. Die Behandlung sollte sich jedoch nicht nur auf die Regulierung der körperlichen Vorgänge beziehen, denn Körper, Seele und Geist bilden eine Einheit, und eine Störung in dem einen Bereich wirkt sich stets auch auf die anderen Bereiche aus.

Die Beantwortung der folgenden Fragen zeigt Ihnen, wo Sie aus der Ordnung gefallen sind, und was zu tun ist, damit Sie wieder ganz »in Ordnung« kommen. Mit diesen Fragen gehen Sie inneren Konflikten auf den Grund.

1. Was fehlt mir genau?
- Welche Beschwerden habe ich?
- Welche Krankheiten hatte ich früher?
- Was sind meine (körperlichen) Schwachstellen?

2. Was ist mein größtes Problem?
- Was war meine größte Enttäuschung?
- Was war mein schlimmstes Erlebnis?
- Habe oder hatte ich Schuldgefühle?

3. Wer oder was stört mich am meisten?
- Warum stört es mich so sehr?
- Kann ich es ändern?
- Kann ich meine Einstellung dazu ändern?

4. Habe oder hatte ich Lebensangst?
- Wovor habe/hatte ich Angst?

- Ist die Angst aufgelöst?
- Ist die Angst begründet?

5. *Wen oder was liebe ich am meisten?*
- Warum liebe ich es so?
- Will ich haben oder will ich geben?
- Erfreut oder belastet mich diese Liebe?

6. *Was ist oder war mein größter Wunsch?*
- Warum habe oder hatte ich diesen Wunsch?
- Werde ich diesen Wunsch verwirklichen können?
- Was fehlt mir zur Verwirklichung?

7. *Was würde ich anders machen?*
- Wenn ich das Leben noch einmal beginnen dürfte?
- Wenn ich ganz gesund wäre?
- Was hindert mich daran, es von nun an anders zu machen?

Finden Sie über diese Fragen Ihren Lebensmut wieder! Schöpfen Sie Hoffnung, Ihrem Leben eine neue Richtung geben zu können! Sie haben schon so viel Disziplin und Willen bewiesen, dass Sie diesen Weg konsequent weiter gehen sollten.

Mit dem nächsten Fragenkomplex lade ich Sie zu einem Perspektivwechsel ein.
Stellen Sie sich vor, Sie wären Ihr eigener Heiler und führten eine »Anamnese« mit den Augen eines anderen durch. Wie würden Sie sich beschreiben, wenn Sie auf der ande-

ren Seite des Tisches säßen? Was für eine Person sitzt Ihnen
da gegenüber? Gehen Sie aus sich heraus und führen Sie
aus dieser Außenperspektive einen Dialog mit sich selbst.

Situationsanalyse aus der Perspektive des Beobachters

1. Schritt: Das Problem auf den Punkt bringen

Stellen Sie sich also (aus der Perspektive des Heilers) die fol-
genden Fragen und geben Sie nicht sich selbst, sondern die-
sem »Gegenüber« die Antwort:

- Was führt Sie zu mir?
- Welche Schwerpunkte unserer Heilarbeit ergeben
  sich daraus?
- Was würden Sie sich am Ende konkret wünschen?

2. Schritt: Konfliktanalyse

a) Die persönliche Situation
- Beschreiben Sie mir bitte Ihre Belastungen, Krank-
  heiten, Mängel, Ängste, Probleme, Enttäuschungen,
  Aggressionen.
- Beschreiben Sie mir bitte Ihre Vermögenssituation,
  Ihre Lebensaussichten.
- Wie würden Sie Ihre Lebensphilosophie oder Ihr
  Lebensmotto beschreiben?

- Sehen Sie sich auf dem Weg der Selbstverwirklichung?
- Wie wären Sie, wenn Sie sagen könnten: So bin ich wirklich?

b) Die familiäre Situation

- Beschreiben Sie mir bitte Ihre familiäre Situation. Wie ist das Verhältnis zu: Partner, Kindern, Eltern, Geschwistern, Freunden, Gesellschaft, Sexualität, Geld, Wohnort?
- Worüber streiten Sie am meisten?
- Wer äußert seine Unzufriedenheit, und wer gibt nach?
- Fühlen Sie sich familiär abhängig?
- Würden Sie gerne alleine leben?

c) Die berufliche Situation

- Sind Sie beruflich unabhängig? Wie stehen Sie zur beruflichen Selbstständigkeit?
- Ist der ausgeübte Beruf auch Ihre Berufung?
- Wie ist Ihre Position? Wie sind Ihre Aussichten?
- Welche beruflichen Ziele haben Sie noch?
- Finden Sie im Beruf die erwünschte Anerkennung?
- Was haben Sie sonst noch gelernt und können Sie?

d) Die Leidenschaften

- Was lieben Sie am meisten? Warum?
- Was lehnen Sie am meisten ab? Warum lehnen Sie das ab?
- Was gefällt Ihnen am besten in Ihrem Leben?

- Was stört Sie am meisten in Ihrem Leben?
- Haben Sie Freunde, Freundinnen? Was verbindet Sie?
- Gibt es Menschen, die Sie überhaupt nicht ausstehen können? Mit denen Sie ständig Konflikte haben? Menschen, die Sie vielleicht hassen?
- Was haben diese Menschen Ihnen angetan?
- Haben Sie schon einmal einem Menschen vergeben? Was haben Sie dabei gelernt?

Sitzen Sie immer noch auf der anderen Seite oder nehmen Sie die Fragen schon zu persönlich? Versuchen Sie weiterhin, die Distanz des Beobachters einzuhalten, der Ihnen jetzt alle folgenden Fragen stellt:

e) Wünsche an das Leben
- Was ist Ihr größter Wunsch? Warum?
- Was erwarten Sie noch vom Leben? Warum?
- Was fehlt Ihnen zur Verwirklichung?
- Was würden Sie anders machen, wenn Sie noch einmal von vorn beginnen könnten?
- Was hindert Sie wirklich daran, es zu tun?

3. Schritt: Veränderung/Wandlung

Und wieder stellt Ihr Gegenüber Ihnen die Fragen:
- Was steht im »Tagebuch Ihres Körpers, Ihres Lebens«?
- Welche Konsequenzen ergeben sich daraus?
- Was davon sind Sie bereit zu tun?

- Welches ist der schnellste, sicherste, beste Weg genau dorthin?
- Was müssen Sie loslassen, um Raum für Neues zu schaffen?

So kann aus Ihrem »Selbstgespräch« ein wirklicher Dialog werden. Prüfen Sie, wie ehrlich Sie Ihrem »Gegenüber« sind – und prüfen Sie als Gegenüber, wie weit Ihr »Patient« sich selbst betrügt und täuscht. Diese Technik kann Sie zu einer großen Ehrlichkeit und Wahrhaftigkeit mit sich selbst führen.

Vielleicht führen Sie diesen Dialog sogar so, dass Sie Frage und Antwort laut stellen und bei Frage und Antwort jeweils die Plätze tauschen. Wenn Sie wollen, nehmen Sie das Gespräch mit einem Camcorder auf und beobachten sich anschließend selbst auf dem Bildschirm.

Werden Sie so Ihr eigener Patient!

10. Der Weg der Heilung: Sei du selbst!

*Wir alle werden eines Tages die Stufe der Avatare
erreichen, die wir aus der Geschichte kennen,
Figuren wie Buddha und Jesus.*
William Tiller

Solange wir unseren Vertrag mit der Natur einhalten,
solange tut auch die Natur ihren Teil. Zu unserem Vertrag mit der Natur gehört, dass wir den Körper pflegen,
dass wir ihn richtig ernähren, dass wir richtig atmen
und uns ausreichend bewegen. Was bedeuten dann
schon die Jahre, die im Ausweis stehen, wenn wir gesund und lebensfroh sind?

Wir aber leben nicht unsere wahre Identität, sondern
haben gelernt, bestimmte Rollen zu spielen. Wir haben
gelernt, uns so zu verhalten, dass wir »Erfolg« haben,
dass wir Anerkennung finden und dass wir gemocht
werden. Wir sind so, wie wir sind, weil die anderen uns
so haben wollen, und nennen das Ergebnis stolz
»unsere Persönlichkeit«. Dabei hat das Ganze mit uns
kaum etwas zu tun, und wir spüren tief innen auch
ganz deutlich, dass etwas nicht stimmt, dass wir an uns
selbst vorbeileben. Wir fühlen uns unwohl, unzufrieden, unerfüllt, obwohl wir doch scheinbar Erfolg haben.

Unsere Seele ist traurig, weil wir sie in Muster, Programme, Rollen und anerzogene Verhaltensweisen drängen, die in Wirklichkeit gar nicht zu uns gehören.

Auf diese Weise vergewaltigen wir uns selbst, leben in ständiger innerer Anspannung und wundern uns, warum wir krank und unglücklich sind. Aber unsere Seele schreit nach ihrem Recht, sich selbst zu leben, denn es ist ihre Mission, sie selbst zu sein. Jede Krankheit, jedes Unglück ist immer nur ein Zeichen, dass wir nicht wir selbst sind. Es wird Zeit, dass wir uns endlich die Achtung, die Aufmerksamkeit und Liebe schenken, die wir verdienen.

Lassen wir die alten Rollen los und haben wir den Mut, »wir selbst« zu sein; dann sind wir endlich wieder ganz und damit heil.

Die meisten Menschen sind damit beschäftigt, das zu tun, was ihnen von anderen geraten wird, von den Eltern, vom Chef, vom Partner usw. Oder sie tun das Gegenteil. Beides ist nicht sehr intelligent.

Wer jemand anderem folgt, zeigt damit mangelnde Intelligenz, sonst würde er nur sich selbst folgen, denn er selbst muss die Folgen seines Tuns tragen.

Also tun Sie nicht, was die Meister, Lehrer, Freunde sagen, es sei denn, Ihr wahres Selbst sagt ja dazu! Hören Sie nur noch auf sich selbst, denn alles Wissen und alle Weisheit ist in Ihnen – der andere kann Sie nur daran erinnern.

Das wahre Selbst greift aber nur ein, wenn Sie es darum bitten. Wenn Sie es einladen, Sie zu führen, und wenn Sie ihm folgen. Sie brauchen sich selbst nur eine

Frage zu stellen, und die erste Antwort, die kommt, ist
von Ihrem Selbst, die zweite kommt schon aus dem Verstand, und die dritte und vierte kommen aus den verschiedenen Rollen. Aber Sie können immer wieder neu
fragen, und immer wird die erste Antwort von Ihrem
wahren Selbst kommen. Probieren Sie's gleich einmal
aus:

> *Wie viel Zeit, Geld und Aufmerksamkeit investieren Sie,*
> *um Sie selbst zu werden?*
> *Und wie viel für Dinge, die Sie ohnehin hier zurücklassen?*
> *Welche Konsequenz ergibt sich daraus?*

Wir möchten gern, dass die Dinge besser werden, aber
die Umstände entsprechen immer unserem Bewusstsein, können sich also nur ändern, wenn wir unser Bewusstsein ändern – die »inneren Bilder«. Doch selbst
wenn es uns derzeit gut geht, ist das nur ein Bruchteil
dessen, was sein könnte und sollte, wenn jeder er oder
sie selbst wäre.

Wenn mich ein anderer an mich selbst erinnert, dann
sollte ich ihn weder auf ein Podest stellen noch verur-
teilen, denn beides sind beliebte Ego-Spiele. In beiden
Fällen brauche ich mich nicht zu ändern. Besser ist es,
sich nicht um den Botschafter zu kümmern, sondern
um die Wahrheit der Botschaft, und zu tun, was zu tun
ist.

Krankheit ist also nur ein äußerlich sichtbares Zeichen für fehlende Ganzheit. Solange wir sie nicht erreicht haben, brauchen wir die Krankheit als Botschaft.

Daher ist Krankheit auch nicht unser Feind, sondern unser Freund und Partner, der uns liebevoll, wenn auch schmerzhaft auf den Fehler aufmerksam macht. Bevor wir körperlich krank werden, sind wir schon in einem viel tieferen Sinne krank, und das, was wir Krankheit nennen, ist nur der Versuch des Organismus, die Harmonie wiederherzustellen. Das, was wir Krankheit nennen, ist also nicht die eigentliche Krankheit, sondern im wahrsten Sinne des Wortes die »Information« des Organismus, dass da etwas nicht stimmt. Die Botschaft von der Störung der Harmonie ist in die Form eingegangen und wird so zur Information. Was aber tun wir? Wir versuchen diese Information zu beseitigen und vergessen dabei, uns um die eigentliche Krankheit zu kümmern.

Das sind Naturgesetze, an die sich jeder halten muss. Es gibt allerdings eine Stufe geistiger Reife, die uns über die Naturgesetze erhebt, und es gibt auch einen einfachen Test, mit dessen Hilfe wir prüfen können, ob wir schon so weit sind: Wenn wir ganz einfach jederzeit durch die Wand nach draußen gehen können, wenn wir ums Haus schweben oder über Wasser laufen können, dann ist unsere geistige Reife so weit fortgeschritten, dass wir uns um die Einhaltung der Naturgesetze nicht mehr zu kümmern brauchen. Wer jedoch diesen Test noch nicht jederzeit besteht, muss die Naturgesetze beachten, sonst wird er durch sein Fehlverhalten bestraft.

Dabei erlebt jeder seine Krankheit anders. Der Materialist erlebt seine Krankheit als sinnlos und seinen Körper als eine Art »Spielverderber«, mit dem er eben Glück oder Pech haben kann. Der Gläubige wird seine Krankheit als Folge von Übertretungen religiöser Gebote deuten und um Heilung bitten. Der Esoteriker wird dazu neigen, die Krankheit als eine Auswirkung von karmischen Gesetzen zu sehen, der Gebildete sieht die Krankheit als natürliche Folge einer Infektion durch Bakterien oder Viren.

Der geistig reife Mensch aber erkennt die Wirklichkeit hinter dem Schein und Krankheit als eine Wirkung, der eine entsprechende Ursache vorausging. Er weiß, dass es nicht sinnvoll sein kann, nur die Wirkung, also das Symptom zu beseitigen, sondern dass das Symptom von selbst verschwindet, wenn die Ursache erkannt und beseitigt wurde. Er erkennt und achtet die Gesetze der Natur und weiß, dass auch die Natur ihren Teil zur Gesundheit beiträgt. Er weiß, dass weder der beste Arzt noch das teuerste Medikament ihn heilen kann, sondern nur die Heilkraft in ihm selbst. Er weiß auch, dass sein Bewusstsein das tiefste Wissen über den eigenen Körper hat, und fragt gezielt seine Intuition um Rat. Er ist ein mündiger Patient, und der Therapeut ist nur sein Ratgeber, dessen Fachwissen er nutzt, um in eigener Verantwortung seine Entscheidung zu treffen.

Was bedeutet es, ICH SELBST zu sein?

Aber was bedeutet es eigentlich, »ich SELBST« zu sein? Das ist eine ganz grundlegende Frage, die zu der Erkenntnis führt, dass ich nur »heil« sein kann, wenn ich mich SELBST vollständig lebe, wenn ich mich SELBST so zum Ausdruck bringe, dass ich mit mir in Harmonie leben kann. Immer wenn ich nicht »ich SELBST« bin, lebe ich mit mir in Disharmonie und damit in der Ursache für Krankheit.

Aber wie kommt es, dass es immer mehr Kranke gibt, dass es immer weniger Menschen gibt, die leben, was sie sind?

Die meisten von uns leben eine Rolle, versuchen ein Ideal zu leben, von dem sie glauben, dass es besser ist als ihr jetziges So-SEIN. So leben sie nie erfüllt, sind immer »schlechter«, als sie glauben sein zu müssen, und lehnen sich aus diesem Grunde ab, akzeptieren nicht mehr ihr So-Sein, geschweige denn, dass sie sich lieben können, wie sie jetzt sind.

Und wenn wir dann krank werden, glauben wir noch mehr, dass etwas mit uns nicht stimmt, dass wir etwas falsch gemacht haben, dass wir mit der Krankheit für unsere Sünden bestraft werden.

Dabei wäre es so einfach, gesund zu sein, wir brauchten nur »heil« zu sein, und das bedeutet: Wir brauchen nur wir SELBST zu sein, ganz das zu leben, was wir JETZT sind, und so in Harmonie mit uns, mit dem Leben in uns und mit dem Leben überhaupt zu leben. Es gibt dann keinen Grund und keine Ursache mehr für Krankheit.

Warum haben wir aber den Mut verloren, ganz wir SELBST zu sein? Warum können wir nicht mehr zu unserem So-Sein stehen und spielen stattdessen Rollen, erfüllen Klischees und Erwartungen und werden dabei immer unzufriedener und damit kränker? Wir leben nicht mehr nach unserer wahren Identität, mit all unseren Schwächen und Fehlern. Wir wollen »gut« dastehen, etwas darstellen, ein gutes Bild abgeben, alles richtig machen und merken nicht, dass »gut« und »richtig« nur sein kann, nach der Wirklichkeit zu leben, und das heißt: nach unserer Wahrheit, so zu leben, wie es uns JETZT entspricht.

Der Schlüssel zur Lebensfreude

Wohl jeder Mensch möchte gern das Leben genießen, aber nur wenige genießen es wirklich, denn genießen kann man das Leben nur bei bester Gesundheit. Wir aber laufen dem Genuss nach und treiben Raubbau mit unseren Kräften, anstatt die Gesetze der Natur zu beachten. Wir suchen Glück und ernten Krankheit. Belohnt wird nur der wahre Lebenskünstler, denn Leben ist wirklich eine Kunst.

Der Schlüssel zur Lebensfreude ist nicht Jugend, denn Jugend ist auch ein Mangel an Erfahrung, auf die doch kaum jemand wirklich verzichten möchte. Der wahre Schlüssel ist die Vitalität, und die ist nicht an ein bestimmtes Alter gebunden; sie kann aufgebaut, gepflegt und gesteigert werden. Alle wollen alt werden, aber alt sein will niemand. Nun ist es sicher nicht der Sinn des Lebens, möglichst alt zu werden, um dann krank und unglücklich zu sein, aber die meisten Menschen leben heute nicht länger, sie sind nur länger krank.

Wir leben nicht unsere wahre Identität, sondern haben gelernt, bestimmte Rollen zu spielen. Wir haben gelernt, uns so zu verhalten, dass wir »Erfolg« haben, dass wir Anerkennung finden und dass wir gemocht werden. Wir sind so, wie wir sind, weil die anderen uns so haben wollen, und nennen das Ergebnis stolz »unsere Persönlichkeit«. Dabei hat das Ganze mit uns kaum etwas zu tun, und wir spüren tief innen auch ganz deutlich, dass etwas nicht stimmt, dass wir an uns selbst vorbeileben. Wir fühlen uns unwohl, unzufrieden, unerfüllt, obwohl wir doch scheinbar Erfolg haben. Unsere Seele ist traurig, weil wir sie in Muster, Programme, Rollen und anerzogene Verhaltensweisen drängen, die in Wirklichkeit gar nicht zu uns gehören. Auf diese Weise vergewaltigen wir uns selbst ständig und wundern uns, dass wir krank und unglücklich sind. Aber unsere Seele schreit nach ihrem Recht, sich selbst zu leben, denn es ist ihre Mission, sie selbst zu sein. Jede Krankheit, jedes Unglück ist immer nur ein Zeichen, dass wir nicht wir selbst sind. Es wird Zeit, dass wir uns endlich die Achtung, die Aufmerksamkeit und Liebe schenken, die wir verdienen.

Schritte zu mir selbst

Der erste Schritt zu mir selbst besteht darin, meiner eigenen Wirklichkeit treu zu sein, im Ein-klang mit mir selbst zu leben, mit dem Ich, mit meiner Persönlichkeit. Lebensfreude ist immer ein Ausdruck der Seele, wenn wir auf dem richtigen Weg sind. Sind wir auf dem falschen Weg, dann will keine wirkliche Lebensfreude aufkommen, dann sind wir im Stress, ständig »in action«, um bloß unsere innere Traurigkeit nicht wahrzunehmen. Wer sich keine Zeit für sich selbst nehmen kann, der darf sich nicht wundern, wenn er eine Kopie, aber kein Original ist.

Gerade das Alleinsein (zum Beispiel für ein Wochenende), das viele Menschen fürchten, führt die Wahrheit herbei: Kann ich ohne jede Ablenkung einen oder zwei Tage mit mir selbst verbringen? Fühle ich mich dabei wohl? Kann ich mit mir alleine etwas anfangen? Kann ich die Stille mit mir genießen, oder drängt es mich wieder, irgendetwas zu tun? Fragen Sie sich: Was will ich wirklich? Was ist für mein Leben stimmig? Wo fühle ich mich wohl? Was bereitet mir Freude? Welches Leben würde so richtig zu mir passen? Nehmen Sie sich diese Zeit für sich! Dies kann ein erster Schritt von der Außenorientierung (was erwarten die anderen von mir?) zur Innenorientierung werden: Was entspricht mir selbst? Was ist meine Lebensaufgabe? Warum bin ich zu diesem Zeitpunkt in diesem Körper hier auf dieser Erde?

Wenn Sie auf diese Frage nicht spontan eine Antwort haben,
dann nehmen Sie eine kleine Auszeit nur für sich selbst:
ein Wochenende, einen Urlaub, was auch immer Sie sich
leisten können, um jetzt die wichtigste Richtungsände-
rung Ihres Lebens vorzunehmen: vom Blick nach außen
zum Blick nach innen.

Das ist ein erster kleiner Schritt zum Selbst, dass wir uns
nichts mehr vormachen, nicht versuchen, ein falsches
Ideal nach den Erwartungen anderer zu leben, das uns
nicht wirklich entspricht. Falsche Ideale, die nicht unserem wahren Wesen entsprechen, schaffen immer Disharmonie – und letztlich Krankheiten.

Ein zweiter Schritt ist, uns ständig zu beobachten,
uns zuzuschauen, wenn wir aggressiv werden oder uns
ärgern, und uns fragen: Warum ärgert mich das? Wir erkennen: Wir sind gar nicht der, der sich ärgert. Wir sind
der Beobachter und können erkennen: Unser Ärger sind
innere Programme, die bei einem bestimmten Reiz ein-
geschaltet werden durch Auslöser wie Eltern, Schule,
Partner, Chef, Kollegen usw. Da ärgert uns niemand,
sondern jemand hat nur auf einen Knopf gedrückt, der
unser Ärgerprogramm auslöst. Aber ICH, der Beobachter, ärgere mich nicht. Ich stehe über allem und kann das
Ärgerprogramm auch wieder löschen.

Durch diese distanzierte Haltung zu uns selbst entwickelt sich immer mehr ein Verständnis für den Unterschied zwischen mir SELBST (dem Beobachter) und dem
EGO, das alte Programme abspult.

Prüfen Sie immer wieder:

- Ist das, was ich tue, wirklich das, was ich will? Erfüllt es mich mit Freude, oder stehe ich unter Stress? Ich lasse los, was ich als nicht ICH-SELBST erkenne. So erscheint immer mehr das, was ich wirklich bin.
- Ich versuche auch nicht mehr »normal« zu sein, sondern der, der ich wirklich bin. Durch das, was ich nicht bin, erkenne ich, was ich wirklich bin.
- Wie ein Bildhauer schlage ich weg, was nicht zu meiner Wirklichkeit gehört. Letztlich bleibt nichts mehr von meiner Persönlichkeit übrig. Das kann Angst machen, denn die Demontage des Ego macht dem Ego Angst. Was aber neu geboren wird, ist das ICH-SELBST.
- Was als ICH-SELBST übrig bleibt, ist reines Bewusstsein. Als dieses Bewusstsein kann ich alles in Erscheinung treten lassen, kann jede Rolle spielen, jede Eigenschaft annehmen, alles sein.
- Hier im ICH-SELBST kann ich die Antwort auf jede Frage finden, hier bin ich ganz HEIL. Ich mache mir bewusst, in welchem Körper, an welchem Ort, in welcher Zeit ich bin. Was ist hier stimmig, jetzt zu tun? Das zu tun, heißt wirklich leben.

Die sieben Geburten der Menschenseele*

Die Seele eines Menschen ist ein individualisierter Teil der Weltenseele und frei in ihren Entscheidungen. Sie verkörpert sich aufgrund ihrer Einsicht in das »göttliche Ganze«.

Evolution ist der Weg vom Selbst, der Schöpfungsidee Mensch über das Ego, das materiell verkörperte Einzelwesen im Gesamtorganismus, zurück zum Selbst. Oder kurz: Das Selbst führt sich selbst zum Selbst zurück. Dabei vollzieht die Menschenseele verschiedene Geburten. Das Wissen darum ist eine große Hilfe dabei, den Weg zum SELBST zu gehen.

Jede einzelne Geburt hat ihre Wehen, die wir aktiv beschleunigen, unnötig verzögern oder natürlich geschehen lassen können.

Die erste Geburt

Die erste Geburt ist der Beginn der physischen Manifestation durch Zeugung und Empfängnis. Die Verkörperung als neues Wesen erfolgt freiwillig, aufgrund der Einsicht der Seele in die Notwendigkeit einer neuen Inkarnation.

Nehmen Sie folgenden Gedanken nur als Spiel: Stellen Sie sich vor, Sie sind eine noch heimat- und körperlose Seele

---

* Vgl. auch: Kurt Tepperwein: Die geistigen Gesetze, Goldmann, München 2002

(vielleicht ein Engel, wenn Sie es sich so vorstellen möchten) mit dem Wunsch, sich für eine bestimmte Lebensaufgabe als Mensch neu zu inkarnieren. Sie brauchen für Ihre körperliche Inkarnation leibliche Wesen. Zur Erfüllung Ihrer Lebensaufgabe (zum Beispiel: Ich möchte in diesem Leben endlich selbstständig werden) suchen Sie sich passende Eltern. Für eine solche Lebensaufgabe sind Multimillionäre als Eltern wahrscheinlich eher ungeeignet, weil man als deren Kinder oft nicht lernt, selbstständig zu werden. Also suchen Sie sich Eltern aus, die für Ihre Lebensaufgabe eine Herausforderung und Hilfe sind. Als Seele stehen Sie im Kontakt zur Seele Ihrer Eltern und machen einen Lebensvertrag: Tut alles für mich, damit ich in meinem Leben lerne, wirklich selbstständig zu werden.

Jetzt prüfen Sie auch einmal spielerisch, wie es mit Ihren Eltern ist. Tun Sie einfach einmal so, als ob Sie Ihre Eltern vor der Zeugung selbst ausgesucht hätten. Warum hat Ihre Seele wohl Ihre Eltern ausgesucht? Fragen Sie sich: Welche Lebensaufgabe zu bewältigen, ermöglichen mir meine Eltern (meine allein erziehende Mutter, meine Adoptiveltern …)? Was habe ich ihnen zu verdanken?

Ein ganz tiefer Heilungsprozess setzt ein, wenn Sie sich so mit Ihren Eltern neu verbunden fühlen können. Wie viele Menschen sind verzweifelt, weil sie glauben, ein »Unfall« zu sein, unerwünscht und als Kind immer abgelehnt worden zu sein. Vielleicht hilft Ihnen diese Umkehrung der Perspektive zu erkennen, dass Sie kein Opfer des Lebens sind, sondern sich als Seele genau diese Lebenskonstellation gewünscht haben, um sich mit Ihrem Leben und Ihren Eltern gründlich auszusöhnen.

Wenn Sie dieses Spiel spielen, dann können Sie am Ende vielleicht sagen:»Danke, dass ihr mir das Leben geschenkt habt. Danke für die vielen Lektionen, die ihr mir gegeben habt. An ihnen bin ich stark geworden. Ihr seid meine Wunscheltern und habt immer das Beste gegeben. Wenn es etwas zu verzeihen gibt, dann kann ich euch verzeihen. Ich liebe euch, so wie ich mich selbst liebe.«

Mag sein, dass es Ihnen schwer fällt, diese Worte überhaupt zu lesen, geschweige denn, sich auf dieses »Spiel« wirklich einzulassen. Je mehr Widerstand sich in Ihnen regt, desto mehr will da geheilt werden. Gehen Sie mit dieser Übung zurück in den Sinn Ihres Lebens, den nur Ihre Seele kennt.

Die Seele ist eine geistige Wesenheit. Bei der Verkörperung bildet sie auf jeder Energieebene einen eigenen Körper: zuerst den *Mentalkörper*, dann den *Astralkörper* und schließlich den *physischen Körper*. Dieser physische Körper wird durch das genetische Erbe beider Eltern bestimmt, die beiden anderen Körper erhalten ihre individuelle Prägung durch das So-Sein der Wesenheit aus ihrem universellen *Kausalkörper*, in dem das bisher angesammelte Schicksal enthalten ist (Karma, wie es die indische Spiritualität nennt).

Nachdem die Seele die Mutter gewählt hat, ruft sie ihr geistig zu, dass sie nun kommen wird, und nicht wenige Mütter vernehmen diesen unhörbaren Ruf, und sie wissen im gleichen Augenblick, dass sie empfangen haben. Die erste Geburt folgt.

In der ersten Zeit der Verkörperung besteht die ganze Umwelt zunächst aus dem Mutterleib. Hier erfährt das inkarnierte Wesen seine ersten Prägungen. Da es nicht nur körperlich, sondern auch geistig-seelisch noch eins mit der Mutter ist, erlebt es alle körperlichen und emotionalen Vorgänge der Mutter mit, aber auch alle Gedanken und Gefühle. Es erlebt mit, wie die Mutter erfährt, dass sie schwanger ist, und erlebt die Freude oder den Schreck darüber ebenso wie Gedanken der Ablehnung oder gar Gedanken an Abtreibung. Die Seele des Kindes hat sich ganz der Mutter anvertraut, sich ihr bedingungslos ausgeliefert.

Da aber Ort, Zeit, Umwelt und Erziehung ein Teil des freiwillig gewählten Schicksals sind, hat die Mutter keine Schuld, wenn sie nicht gleich optimal mit der neuen Situation umgehen kann. Doch ist dies der erste »Eindruck«, den die Seele von diesem Leben erhält, und es ist meist auch ein bleibender Eindruck.

Die zweite Geburt

Die zweite Geburt ist die körperliche Trennung von der Mutter, der Vorgang, den wir in unserer Alltagssprache die »Geburt« nennen – aber für die inkarnierte Seele ist es bereits die zweite Geburt. Wie man beim Sterben durch einen dunklen Kanal aus dem Leben geht, so geht man bei der zweiten Geburt durch einen dunklen Kanal in dieses Leben. Doch wenn das Bewusstsein der Mutter bei der Geburt rein und klar ist, dann wird dieser dunkle Kanal zu einem »Tor ins Licht«.

Nach der ersten Geburt braucht die inkarnierte Wesenheit neun Monate, um das Instrument des Körpers auf- und auszubauen. Nach der zweiten Geburt braucht sie zwei bis drei Jahre für die »Inbetriebnahme« des Körpers. Das Bewusstsein der Wesenheit ist dabei noch ganz eins mit der Mutter. Deshalb können kleine Kinder in dieser Zeit auch noch nicht »ich« sagen, es hat sich noch kein Ich-Bewusstsein gebildet. Wenn das Kind also Hunger hat, sagt es nicht: »Ich habe Hunger«, sondern es nennt sich beim Namen, den man ihm gegeben hat, und sagt: »Hänschen hat Hunger.«

Diese zweite Geburt ist eine wesentliche Prägung fürs ganze Leben, denn so wie wir diese Geburt erleben, so ist später unsere Einstellung zum Leben. Erleben wir diese Geburt als Kampf, wird uns später das ganze Leben als Kampf erscheinen. Ist diese Geburt aber ein schönes Erlebnis, dann entsteht dadurch in uns das Urvertrauen, dass auch das Leben schön ist.

Durch die zweite Geburt wird das Kind ein körperlich selbstständiges Wesen. Dieser Geburtsvorgang wird in vier Stadien erlebt:

- Zuerst fühlen wir uns ungeheuer wohl. Wir spüren und genießen das Einssein mit unserer Mutter mit allen Sinnen und sind glücklich. Alles Glück, das wir später im Leben erfahren, wird uns tief innen an dieses erste, ungetrübte Glück unseres Erdenlebens erinnern.
- Plötzlich aber werden wir in die Hölle gestürzt. Die Gebärmutter beginnt sich überall zusammenzuzie-

hen. Es ist eine bedrückende und scheinbar aussichts-
lose Situation. Alle aussichtslosen Situationen unseres
späteren Lebens werden uns an diese verzweifelte
Situation erinnern.

- Dann plötzlich öffnet sich der Gebärmutterhals. Eine
Chance scheint sich aufzutun, aber gleichzeitig werden wir von allen Seiten unter Druck gesetzt. In diesem Augenblick glauben wir zu sterben, doch es geht
weiter, und mit einer letzten großen Anstrengung
lösen wir uns vom Körper der Mutter.

- Endlich, nachdem wir höchstes Glück und größte
Verzweiflung in unserer Mutter erlebt haben, sind
wir frei. Und sosehr wir die Trennung bedauern, so
glücklich sind wir auch darüber. In dem Augenblick,
als wir schon zu ersticken glaubten, geschieht unser
erster Atemzug. Doch wir haben keine Zeit, unser
neues Glück zu genießen, denn um uns herum ist
alles schrecklich hell und kalt und laut. Wir sind in
der Welt und müssen uns vielen neuen Anforderun-
gen stellen. Zwischen unserem ersten Atemzug, den
wir gerade getan haben, und unserem letzten liegt
das, was wir »ein Leben« nennen. Es hat begonnen.

Die Geburt ist eine dramatische Krise und höchst prä-
gend. Wenn Sie Ihre Geburt überstanden haben, dann
ist der Rest des Lebens ein Kinderspiel.

*Sammeln Sie einmal alles das, was Sie von Ihrer Geburt
wissen oder wieder in Erfahrung bringen können. War es
eine schwere oder leichte Geburt? Kaiserschnitt? Kamen*

Sie frei zur Welt, oder musste die Geburt eingeleitet wer-
den? Kamen Sie zum vorbestimmten Geburtstermin zur
Welt? Oder waren Sie eine Frühgeburt?

Wie hat Ihre Mutter Ihre Geburt erlebt? Waren Sie die
Erstgeburt Ihrer Mutter?

Prüfen Sie jetzt, wie diese Geburtserlebnisse Ihr Leben ge-
prägt haben. Wie gehen Sie mit Krisen um?

Prüfen Sie, was Sie heute mit der Vorstellung verbinden,
geboren, neu geboren, wiedergeboren zu werden. Die Be-
wältigung einer jeden großen Lebensaufgabe können Sie
auch als Geburt erleben. Gehen Sie gerne neue Aufgaben
an? Konfrontieren Sie sich auch mit Krisen in dem Ver-
trauen, dass Sie diese Krise bewältigen werden und als
neuer Mensch wiedergeboren werden? Oder scheuen Sie
Krisen, Konflikte? Wären Sie lieber im warmen, schützen-
den Mutterleib geblieben und nicht heraus auf die Welt ge-
kommen? Sind Sie jemand, der eher seine Bequemlichkeit
sucht oder den es eher hinaus in die Welt treibt?

Können Sie auch eine Krankheit als eine Art Geburtskon-
flikt erleben? Wollen Sie lieber zurück in den alten Zu-
stand oder durch diesen Konflikt der Krankheit hindurch
neu geboren werden?

Auch diese zweite Geburt können Sie heute noch heilen. Sie
haben es doch bis hierher geschafft! Was soll Ihnen im
Leben noch Dramatisches passieren? Das Leben hat bei
Ihrer Geburt seinen Job getan und Ihnen eine lichtvolle
Welt zu Füßen gelegt. Nehmen Sie das Abenteuer Leben
an! Erleben Sie sich in dieser Geburt noch einmal mit
einem freudigen »HALLO, WELT; HIER BIN ICH! Ich
bin bereit für das Abenteuer LEBEN«.

Die dritte Geburt

Die dritte Geburt ist die Individualisierung des Bewusstseins. So wie sich in der zweiten Geburt der Körper von der Mutter gelöst hat, so löst sich nun das Bewusstsein aus der Einheit mit der Mutter und das Ego erwacht. Die inkarnierte Wesenheit ist zu einem selbstständigen Individuum geworden.

Erst jetzt kann sich das Kind als ein »Ich« begreifen und handelt aus einem eigenen Willen. Aus der Wir-Symbiose mit der Mutter sind ein »Ich« und »Du« geworden. Das selbstständige Denken beginnt, und es werden eigene Gefühle erlebt. Das Ich hat eigene Bedürfnisse, die oft recht eigenwillig zum Ausdruck gebracht werden.

Deshalb bezeichnet man diese Phase auch als »Trotzalter«, was aber immer nur ein Hinweis auf eine falsch verstandene Erziehung ist. Denn Erziehung heißt ja nicht, dem kleinen Kind, der Seele, die sich uns anvertraut hat, unsere Wertvorstellungen aufzuprägen oder gar unseren Willen aufzuzwingen. Erziehung heißt in Wirklichkeit, miteinander zu entdecken, welchen Charakter, welche Persönlichkeit die Seele mitgebracht hat, und ihr zu helfen, zu sich selbst zu finden.

Wird Erziehung so verstanden, tritt der erwachte Eigenwille gar nicht als Trotz in Erscheinung, da die Seele ja freiwillig einer kundigen Anleitung folgt, ja, sie notwendigerweise braucht und sucht.

Gehen Sie einmal zurück in Ihr »Trotzalter«, das Erwachen Ihres Eigenwillens. Erleben Sie noch einmal dieses erste »ICH!« und das erste »ICH WILL!« und das erste »ICH WILL NICHT!«. Was fühlen Sie dabei? Ihre Großartigkeit oder die Ablehnung derjenigen, die Sie als »trotziges Kind!« beschimpfen? Wie gehen Sie damit um? Geben Sie klein bei und vergessen Sie jedes »Ich will!« und »Ich will nicht!« und »Nein!«? Haben Sie sich angepasst? Dies ist oft der entscheidende Punkt dafür, ein selbstbewusstes Wesen zu werden, das sich selbst von innen steuert – oder aber sich anpasst und eher von außen gesteuert wird. Machen Sie eher das, was Sie selbst für richtig halten – oder eher das, was andere von Ihnen erwarten? Das sind die Prägungen dieser Geburt!

Wenn Sie selbst Kinder haben, dann prüfen Sie auch, wie Sie mit dem »Trotz« Ihrer eigenen Kinder umgehen. Nehmen Sie deren Eigenwille als Trotz wahr, oder ist es für Sie völlig in Ordnung, wenn Ihre Kinder ihren eigenen Willen haben und ihn auch deutlich zum Ausdruck bringen?

Auch diese dritte Geburt können Sie heute noch heilen. Lernen Sie wieder, dieses heldenhafte »Ich will!« zu sagen – oder: »Nein, nicht mit mir!«. Werden Sie wieder so richtig »trotzig«! Trotzen Sie den Anmaßungen anderer Ihnen gegenüber. Trotzen Sie deren Erwartungen, trotzen Sie deren Manipulationsversuchen. Heute können Sie das »trotzige Kind« (wie es die anderen sehen) richtig ausleben. Es ist die Geburt Ihres unerschütterlichen Selbstbewusstseins!

Diese dritte Geburt bedeutet also, dass die Seele von nun an in die bewusste Erfahrung eintritt, eine ganz besondere und einmalige Individualität zu sein. Ihr zu helfen, sich zu entdecken und zu sich selbst zu finden, das ist eigentlich mit Erziehung gemeint. Die Ent-deckung des Selbst kann beginnen.

Die vierte Geburt

Die vierte Geburt wird als Pubertät bezeichnet. In dieser Zeit erwacht der Körper und meldet sexuelle Bedürfnisse und Wünsche an. Gleichzeitig signalisiert uns die Umwelt, dass diese Wünsche nicht gern gesehen werden oder dass sie gar »unanständig« sind. Das stürzt das Kind in einen fast unlösbaren Konflikt, in dem es auch meist noch allein gelassen wird, weil es keinen findet, dem es sich anvertrauen kann. Und doch verlangt die körperliche Reife immer drängender eine Lösung. Besonders schwierig wird diese Zeit noch dadurch, dass die körperliche Reife heute immer früher erfolgt, die geistige Reife aber damit oft nicht Schritt hält. So zwingt uns der Körper zu Entscheidungen, zu denen wir geistig noch gar nicht reif sind. Eine schwierige Zeit!

In dieser vierten Geburt erwacht aber nicht nur unser Körper, sondern auch das starke Verlangen nach Gemeinschaft. So sucht der heranwachsende Mensch die Gesellschaft seinesgleichen. Er spricht so wie die anderen, kleidet sich so wie sie, und das Schlimmste, was ihm in dieser Zeit passieren kann, ist ausgestoßen zu werden, von den anderen nicht angenommen zu werden. Er nimmt vieles auf sich, nur um das zu vermeiden.

Diese vierte Geburt zwingt das Wesen also, auf das Du zuzugehen, sich darum zu bemühen, wieder eins zu werden, das Paradies der verlorenen Einheit wieder zu finden. Durch die freiwillige Einordnung in die selbstgewählte Gemeinschaft, sei es mit einem Partner oder einer Gruppe, lernt das Wesen auch, den erwachten Eigenwillen zu zügeln und zurückzunehmen, damit Gemeinschaft überhaupt möglich wird. Der junge Mensch lernt, dass seine Freiheit da endet, wo das Recht des anderen beginnt.

Nach Abschluss dieser vierten Geburt ist der Mensch erwachsen, doch die meisten Menschen sterben schon innerlich ab, bevor diese Geburt überhaupt vollendet ist. Sie werden nicht wirklich erwachsen, sondern nur alt. Die vierte Geburt ist erst vollendet, wenn der Mensch gelernt hat, selbstständig und aus eigener Verantwortung heraus dem Ganzen gegenüber zu handeln.

Überaus wichtig in dieser Phase ist das Gefühl der Identität mit dem eigenen Geschlecht.
Können Sie sich noch an die »Initiationsriten« als Mann oder Frau erinnern? Die Zeit, als Sie sich bewusst waren, ein Mann oder eine Frau zu sein? Wie haben Sie darauf reagiert? Wie haben Sie sich gekleidet? Haben Sie sich eher geschämt oder waren Sie stolz? Haben Sie sich mit Ihrem Geschlecht ganz identifizieren können, oder wären Sie als Frau lieber ein Mann gewesen – als Mann lieber eine Frau? Sind Sie als Mann gerne zum Wehrdienst gegangen, oder haben Sie es abgelehnt, das Kriegshandwerk zu lernen?

*Erinnern Sie sich auch daran, was Sie vom anderen Ge-
schlecht gewusst haben. Was für Glaubenssätze über das
andere Geschlecht haben sich in Ihrer Pubertät in Ihnen
eingebrannt? Wie hat es Ihre eigene Geschlechtsidentität
beeinflusst?*

*Auch diese Geburt zum eigenen Geschlecht kann heute
noch geheilt werden. Wichtig dafür ist es, dass Sie die
männlichen und weiblichen Anteile in sich annehmen
können. Prüfen Sie einmal, was Ihre Idole sind. Als Mann:
Welcher Typ Mann ist für Sie ein Vorbild – welchen Typ
Frau finden Sie attraktiv? Als Frau: Welcher Typ Frau ist
für Sie ein Vorbild – welchen Typ Mann finden Sie attraktiv? Worauf fahren Sie ab? Wie würden Sie gerne als idea-
ler Partner sein? Was für einen idealen Partner würden
Sie sich wünschen?*

*Prüfen Sie auch Ihr Verhältnis zu Ihren Eltern. Was cha-
rakterisiert Ihren Vater als Mann? Was charakterisiert
Ihre Mutter als Frau? Hat Ihre Partnerwahl etwas mit
Ihren Eltern zu tun? Suchen Sie einen Mann, der Sie so
anhimmelt und verwöhnt wie Papa? Suchen Sie eine Frau,
die Sie so bedient wie Mama?*

*Welche Rolle spielen Ihre Geschwister für Ihre Geschlech-
teridentität? Suchen Sie in Ihrem Mann den älteren Bru-
der, in Ihrer Frau die kleine Schwester?*

*Lösen Sie sich von allen diesen Einflüssen auf Ihr Bewusst-
sein als Mann oder Frau. Lösen Sie sich von Idolen – Sie
wären eh nur eine schlechte Kopie. Werden Sie Ihr eigenes
Original als Mann oder Frau. Lösen Sie sich von der Ge-
schlechtsidentifizierung über Ihre Eltern oder Geschwister,
über die gleichaltrigen Freunde in der Pubertät.*

Auch die Heilung dieser Geburt ist ein ganz wesentlicher Heilungsprozess auf dem Weg zum SELBST. Sie sind als Mann inkarniert, weil Sie für Ihre Lebensaufgabe viel männliche Energie brauchen. Sie haben sich als Frau inkarniert, weil Sie für Ihre Lebensaufgabe viel weibliche Energie brauchen.

Sind Sie schon erwachsen geworden – oder spielen Sie immer noch lieber den kleinen Jungen, das kleine Mädchen? Was sind Ihre Spielsachen? Womit imponieren Sie wem? Sind Sie so erwachsen, dass Sie auch alleine leben können? Haben Sie es schon einmal über Jahre gemacht? Oder brauchen Sie einen Partner, um im Leben zurechtzukommen? Sind Sie erwachsen genug, auch eine Beziehung zu verlassen, wenn sie für beide zur Hölle geworden ist? Oder hätten Sie Angst vor der Zukunft?

Die fünfte Geburt

In der fünften Geburt erkennt das Wesen sein wahres Selbst. Erst nach dieser Geburt ist es sich wieder bewusst, ein individualisierter Teil des einen Bewusstseins zu sein, das wir Gott nennen. Es erkennt sich als vollkommenes und unsterbliches Bewusstsein und weiß, dass es immer war und immer sein wird.

Es ist gut möglich, dass Sie gerade vor dieser Geburt stehen. Vielleicht treibt Sie Ihre Krankheit in diese Geburt. Sie vollzieht sich viel leichter, wenn Sie die ersten vier Geburten geheilt haben. (Ich konnte hierzu natürlich nur Anregungen geben.) Wenn Sie dieses Buch lesen, dann ist es weniger dieses Buch, das Sie fasziniert, als vielmehr die fünfte Geburt, die als nächste Lebensaufgabe bei Ihnen ansteht.

Durch diese fünfte Geburt findet der Mensch vom personalen, egoistischen Ich zum transpersonalen, ewigen Selbst. Er erkennt sich wieder als Ebenbild Gottes, als das er geschaffen wurde, als Wesen, in dem sich das Wesen Gottes spiegelt.

Durch diese fünfte Geburt erkennt der Mensch sich als seine Hauptaufgabe, erkennt, dass er dem Ganzen nur in dem Maße dienen kann, wie er selbst sein wahres Selbst entwickelt hat. Diese fünfte Geburt kann jeder in jedem Augenblick erleben. Das kann von einem Augenblick zum anderen geschehen oder Schritt für Schritt. Eine geistige »Sturzgeburt« bringt jedoch einige Schwierigkeiten mit sich, weil der Mensch von einem Augenblick zum anderen in einer ganz anderen Welt lebt, in der er erst lernen muss, sich zurechtzufinden. Deshalb ist es auch nicht sinnvoll, durch Intensivkurse diese geistige Geburt herbeizuführen. Es entsteht dadurch nur eine geistige »Frühgeburt«, die oft für das tägliche Leben untauglich ist. Das heißt, die geistige Geburt braucht sorgfältige Vorbereitung und verantwortungsvolle Hilfe, denn sie ist – wie die körperliche Geburt – der Anfang eines ganz neuen Lebens.

Ein derart geistig Geborener hat auf der spirituellen Ebene die gleichen Schwierigkeiten wie ein Baby auf der materiellen Ebene. Er muss alles noch einmal neu lernen.

Von der fünften Geburt an heißt Leben vor allem Lernen für die eigene Evolution. Ich möchte einmal zusammenfassen, was wir bis zu diesem wichtigen Wendepunkt alles gelernt haben:

Vertrauen: Vertrauen in das Leben muss auf einer immer höheren Ebene neu gelernt werden. Mit jeder höheren Ebene fällt es natürlich leichter. Jede neue Ebene führt zu neuen Trennungen (zum Beispiel von alten Identifikationen) und neuem Selbst-Verständnis.

Vor der Geburt sind wir noch ganz in der Einheit. Mit der Geburt erfolgt die körperliche Trennung. Wir müssen lernen, allein zu sein, um dann Schritt für Schritt wieder bewusst in die Einheit mit allem zurückzukehren. Zunächst mit der Mutter, mit der Familie, dann eins zu werden mit den Schulkameraden, den Freunden, mit einem Partner. Letztlich die Einheit zu erleben mit allen Menschen, mit Pflanzen und Tieren, um zum Schluss wieder eins zu sein mit Gott, indem wir Gott in allem erkennen und erleben.

Atmen: Mit der Geburt erfolgt der erste Atemzug. Damit treten wir in Kontakt mit der Umwelt. Das Leben zwingt uns zum Teilnehmen, denn ohne Atem können wir nicht leben. Letztlich lassen wir den Atem wieder los und erleben: »Es atmet mich.«

Sehen: Nach der Geburt versuchen wir zunächst einmal die Dinge dieser Welt zu erkennen. Später sichten wir die Umstände unseres Lebens und verschaffen uns eine Übersicht. Allmählich kommen wir so zur Klarsicht, werden immer weitsichtiger und erkennen die Wirklichkeit hinter dem Schein. Wir kommen zur »Ein-Sicht«, wir sehen und erkennen den Einen in allem.

Greifen: Sobald wir geboren sind, versuchen wir die Dinge um uns herum zu erfassen und zu begreifen. Wir lernen zu »handeln«, zu geben und zu nehmen, zu fühlen, zuzupacken und auch uns selbst allmählich zu begreifen. Wir lernen die Chancen zu ergreifen, die das Leben uns bietet, begreifen allmählich die geistige Ordnung, die die ganze Schöpfung durchdringt und trägt.

Gehen: Wir lernen uns sicher fortzubewegen. Erst gehen, dann laufen, Rad fahren, Auto fahren und fliegen. Auch geistig lernen wir uns fortzubewegen, indem wir lernen, bewusst zu gehen, in uns zu gehen, bewusst auf dem Weg zu sein, unsere Schritte auf dem Weg zum Ziel zu bestimmen, um wieder in die Einheit zu gelangen.

Sprechen: Anfangs können wir nur schreien, dann lernen wir zu babbeln und endlich zu reden. Wir lernen, uns verständlich zu machen und deutlich zu reden (manche lernen das ein Leben lang nicht). Später lernen wir Rhetorik und Dialektik, ja sogar Fremdsprachen. Vielleicht lernen wir auch die »Sprache des anderen« zu sprechen und kommen so allmählich zu liebevoller und hilfreicher Kommunikation. Wir lernen, uns »mitzuteilen« und die richtige Ebene beim anderen bewusst anzusprechen, und letztlich irgendwann vielleicht die schönste Form des Redens: das Segnen.

Essen: Anfangs stecken wir alles, was wir erfassen, in den Mund. Allmählich lernen wir zu unterscheiden, sogar zu genießen. Wir lernen gründlich zu kauen, bewusst zu essen und das, was wir essen von Materie zu einer immer höheren Energie zu transformieren. Und letztlich lernen wir, uns auch geistig richtig zu ernähren.

Lesen: Irgendwann lernen wir dann auch lesen – nicht nur in Büchern, sondern auch in Gesichtern. Wir erkennen den Charakter und die Gesundheit oder Krankheit. Wir lesen in den Augen der Menschen und lernen auch, eine »Auslese« zu treffen. Letztlich lernen wir vielleicht sogar, im »Buch der Schöpfung« zu lesen.

Leben: Wir erkennen, auch leben muss man lernen, denn wir können als geistiger Hilfsarbeiter durchs Leben gehen oder als Handwerker, der seine Sache versteht, oder gar als Meister, der aus seinem Leben ein Kunstwerk macht. Wir lernen allmählich erwachsen zu werden und nicht nur alt. Wir erwachen zu uns selbst, zum Bewusstsein und übernehmen Verantwortung für uns und die anderen, die Umwelt und die ganze Schöpfung. So werden wir immer verständiger, üben unsere Berufung als Beruf aus und treffen die richtigen Entscheidungen.

Geld verdienen: Natürlich müssen wir auch lernen, Geld zu verdienen, müssen lernen, dass erst das Dienen kommt und dann das Verdienen. Aber wir verdienen uns auch Anerkennung, auch von uns selbst. So kommen wir allmählich zur Selbstachtung und Selbsterkenntnis. Wir erkennen, dass es keinen Zufall gibt, dass auch der günstige Zufall uns nur aufgrund unseres So-seins »zufallen« kann, und dass Glück nicht Glückssache ist. Wir kommen zu immer höheren Erkenntnissen, dem Einzigen, was wir aus diesem Leben mitnehmen können, und verdienen uns letztlich unsere Ein-Weihung, indem wir uns ganz dem Einen weihen.

Erfolgreich sein: Wir erkennen, dass das Leben auch durch uns erfolgreich sein möchte, und lernen Schritt für Schritt, erfolgreich zu sein in der Familie, der Schule, im Beruf und in der Partnerschaft. So erkennen wir immer klarer den Sinn des Lebens, erleben es, bewusst auf dem Weg zu sein, uns zu ent-wickeln und zu ent-falten, und erleben den größten Erfolg des Lebens: zur Ein-Sicht zu kommen.

Sein: Als Letztes lernen wir immer bewusster zu sein. Absichtslos zu sein und gelassen zu sein. Nach unserer »Einweihung« einfach zu *sein*, um letztlich nur noch zu sein.

Der Kreis ist geschlossen, wir sind am Ziel und damit am Anfang eines neuen Weges. Die Bestimmung einer jeden Seele, der sie sich nicht entziehen kann, ist es, vollkommen zu werden. Das heißt zu werden, was sie ist und immer war. So durchläuft sie so lange immer neue Inkarnationen, bis dieses Ziel der irdischen Verkörperung erreicht ist. Dabei geht zwar das erworbene Wissen immer wieder verloren, aber die einmal erlangte spirituelle Reife bleibt erhalten. Deshalb sucht sich eine fortgeschrittene Seele die geeigneten Eltern und Lebensumstände aus, durch die sie sich am besten weiterentwickeln kann. Die fünfte Geburt ist also die wesentliche, die geistige Geburt!

Die fünfte Geburt ist auch eine Geburt, die das Leben integriert. Durch die erreichte Selbstbestimmung werden alle Lebensbereiche in ein Ganzes integriert, und auf realistische Weise wird die Zukunft geplant. Jetzt spielen äußere Zeichen des Erfolgs keine dominierende Rolle mehr. Jetzt zählt nach den vielen Lernprozessen das Realisieren der spirituellen Lebensaufgabe. Nicht mehr Ego-Ziele, sondern die Ziele Ihres wahren Selbst stehen jetzt zur Realisierung auf der Tagesordnung.

Heilung dieser Geburt heißt vor allen Dingen, alles Abgespaltene, alle Schatten aus dem Leben anzusehen und neu zu integrieren. Es gibt nichts Verdrängtes, nichts Peinliches, keine Scham, keine Schuldgefühle, kein Versagen, keine Ängste mehr. Mit dieser Geburt kommt das Authentische, das Wahrhaftige, das Schöne ins Leben, das Ihr Körper durch vitale Jugendlichkeit auch ausstrahlt. Das Leben wir nicht mehr aus dem Kopf, sondern aus dem Herzen geführt. Es gibt keine Kämpfe mehr, sondern nur noch wachsende Liebe, sich selbst, allen Wesen und der Erde gegenüber.

Sie haben sich mit allen wichtigen Menschen Ihres Lebens versöhnt. Auf dieser Ebene setzt wahrhaftige und langfristige Heilung ein. Krankheit hat auch immer etwas mit Selbstbetrug zu tun. Mit der fünften Geburt ist die Grundlage des Selbstbetrugs beseitigt. Das Ego braucht keine Selbsttäuschung mehr, sondern überlässt alle Lebensbereiche dem Licht des Selbst.

Die sechste Geburt

Die sechste Geburt ist die Selbst-Beherrschung. Das heißt, der Mensch hat seinem wahren Selbst die Führung über Leben und Sein übergeben, er handelt aus seinem wahren Selbst. Das Selbst hat sich als Ausdruck Gottes erkannt, als individualisierten Aspekt seines Willens, und so lebt der Mensch mehr und mehr aus der »inneren Führung«, wird sicher geführt vom »inneren Meister«, seinem wahren Selbst.

So wie die Seele bei der ersten Geburt durch Zeugung in die materielle Welt trat, so tritt sie nun als Zeuge seines Willens in der geistigen Welt auf. Das Zeugnis seines Willens ist zur eigenen Überzeugung geworden, und wer so überzeugt ist, der kann nicht nur andere überzeugen, sondern sein ganzes Leben legt Zeugnis ab für die innere Überzeugung. Von nun an spricht der Mensch nicht nur vom Guten; er lebt, was er sagen will.

Wie das Kind nach der zweiten Geburt als selbstständiges Wesen in die materielle Welt eingetreten ist, so tritt der Mensch nach der sechsten Geburt bewusst und selbstständig handelnd in die geistige Welt ein. Alle Bindungen und Abhängigkeiten sind gelöst, und der Mensch folgt frei nur noch der Stimme seines Gewissens, denn Gewissen bedeutet, innerlich gewiss zu wissen. Äußere Gebote können nur noch in dem Maße beachtet werden, wie sie mit dem eigenen Gewissen im Einklang stehen.

So wie bei der dritten Geburt das Ego erwachte, so ist durch die sechste Geburt das ICH-BIN erwacht, die bewusste Einheit mit Gott in allem. Durch das Erwachen des Ego waren wir plötzlich getrennt von allem. Durch das Erwachen unseres wahren Selbst, des ICH-BIN sind wir wieder zurückgekehrt ins Paradies der Einheit mit allem. Die Illusion des Ich ist aufgelöst.

Das Leben nach der sechsten Geburt ist am ehesten als »Leben im TAO« zu beschreiben: kein eigenwilliges Tun mehr, sondern das sinnerfüllte Geschehen-Lassen. Die Bibel drückt diese Lebenseinstellung so aus: »Nicht mein Wille, sondern dein Wille geschehe.« Das ist keine devote Unterordnung unter das Diktat anderer, sondern die demütige Öffnung für die Erfordernisse der Schöpfung, die Bereitschaft, Werkzeug und Kanal der Schöpfung zu sein. Als bewusster und erwachter Teil der Schöpfung leben wir unser Leben immer schöpfungsgerechter.
Das Heilsame dieser Geburt: Wir werden selbst zum Heiler. Wir haben gelernt, uns selbst zu heilen, und werden so zum Vorbild und Weg für andere.

Die siebte Geburt

Die siebte Geburt ist die Selbst-Vollendung. Wollen und Tun sind identisch geworden, Absicht und Tat sind eins. Der Eigenwille ist eingeflossen in das Eine und eins geworden mit dem Schöpfungswillen. Das ganze Leben ist ein sichtbar gewordener Ausdruck Seines Willens.

Gott lebt in uns und wirkt durch uns. Wo immer ich bin, ist Gott, was immer ich tue, tut Gott. »Der Vater und

ich sind eins.« Es gibt keine Zweifel und keine Bedenken mehr, unser gerichtetes Bewusstsein ist ein reiner
Kanal für das Wirken der einen Kraft, die wir Gott nennen.

Der individualisierte Teil des einen Bewusstseins, das
ICH-BIN, steht ständig mit dem Ganzen in Verbindung,
ist allumfassend geworden und schließt alles Sein ein.
Da ist kein Ich und kein Du mehr. Alles ist eins. Alles
Wissen ist in uns und die Antwort auf alle Fragen. Wir
haben uns als Aufgabe gelöst und sind frei, dem Ganzen zu dienen, nach dem Motto: »Der Größte unter euch
soll aller Diener sein.«

Durch die siebte Geburt hat die Schöpfungsidee
Mensch ihren höchsten Ausdruck gefunden. Das Ziel ist
erreicht. Nun beginnt das eigentliche Leben, denn erst
durch die siebte Geburt haben wir die Voraussetzung
geschaffen, dass uns eine Aufgabe in der Schöpfung
übertragen werden kann. Das eigentliche »Spiel des
Lebens« kann beginnen.

Was muss ich tun,
um ICH SELBST zu sein?

Das ist eine wichtige Frage, denn es ist der Sinn des Lebens, gerade das herauszufinden. Hier sind ein paar hilfreiche Schritte auf dem Weg, uns selbst zu »entdecken«.

1. *Ich muss erkennen, dass es wirklich richtig ist, ICH SELBST zu sein.* Ich muss erkennen, dass ich genug gelitten habe dadurch, dass ich eine Rolle gespielt habe, anstatt ICH SELBST zu sein. Also entscheide ich mich jetzt für MICH SELBST.
2. *Das braucht Erkenntnis und Änderungsbereitschaft,* denn es ist bequemer, so zu sein, wie es den anderen gefällt.
3. *Es braucht »Besinnungsminuten«:* Augenblicke, Minuten, Zeiten, in denen ich mich immer wieder frage: Warum tue ich das? Bin ich das wirklich? Will ich das wirklich und warum? Fühle ich mich dabei gut? Macht mich das glücklich? Kann ich dazu wirklich JA sagen? Bringt mich das näher zu MIR SELBST?
4. *Authentisch sein, echt und ehrlich, auch zu mir selbst.* Die Konsequenzen aus meinen Erkenntnissen auch wirklich leben. Tun, was zu tun ist, auch wenn es schwer fällt.
5. *Das braucht MUT.* Ich muss mich trauen, ICH SELBST zu sein und dabei eventuell das Bild der anderen von mir zu zerstören. Das braucht den Mut,

zu mir selbst zu stehen, zu meiner scheinbaren Unvollkommenheit, die wie ein Rückschritt aussieht. Den Mut, mich nicht mehr durch die Erwartungen und Bedürfnisse der anderen von mir selbst entfernen zu lassen. Den Mut, unbeirrbar meinen Weg zu gehen, beharrlich und konsequent, auch wenn die anderen sagen, ich sei stur geworden. Dabei aber achtsam zu bleiben, die »Sprache der Lebensumstände« zu beachten, die »Botschaft meines Körpers« der Wünsche und Probleme zu hören. Es braucht den Mut, nicht mehr ein Ideal sein zu wollen, sondern ganz authentisch, ganz ICH SELBST zu sein und dafür die volle Verantwortung zu übernehmen.

6. *Beobachter sein.* Wenn ein Gefühl kommt wie Ärger, Wut, Enttäuschung, Erwartung, Angst, Trauer, aber auch Freude, Dankbarkeit, Liebe, Glück, dann nicht aus dem Gefühl handeln, sondern zuschauen, wo es herkommt, wohin es will. Sich selbst so immer näher kommen. Aber auch die Lebensumstände, das Verhalten der Menschen und das eigene Verhalten beobachten. Ich bin der stille Beobachter meines Lebens.

7. *Wunschlos sein.* Ein Wunsch führt mich immer weg von mir. Nicht mehr wollen, sondern dem Leben gestatten, das Richtige jetzt hervorzubringen. Mich überraschen lassen. Die ganze Schöpfung meint es gut mit mir, und alles, was ist, will mir nur dienen und helfen. Einfach nichts begehren und nichts zurückweisen. Alles, was ich wirklich brauche, habe

ich in jedem Augenblick. Ein Wunsch zeigt mir nur den Mangel an mir selbst. Das Einzige, was mir wirklich fehlt, bin ich selbst.

8. *Über das Interesse an den Mitmenschen zum Wohlwollen und letztlich zur Liebe finden.* Offen sein, Herzenswärme zulassen. Gott im anderen erkennen und so die Menschen wirklich mögen. Jeden so annehmen, wie er ist. Jedem gestatten, er SELBST zu sein, auch mir SELBST. Verständnis haben, auch ohne zu verstehen, und so immer toleranter werden.

9. *Geduldig sein* aus der Erkenntnis, dass das Leben ohnehin geschieht, ob ich geduldig oder ungeduldig bin. Außerdem gibt es ja nichts zu erreichen im Leben. Das einzige Ziel bin ich SELBST, und somit bin ich in jedem Augenblick am Ziel. Wenn ich aber das Geduldigsein nur spiele, dann werde ich sehr bald sehr ungeduldig, als Reaktion und als Hinweis darauf, dass ich einen Pol zu sehr betont habe und damit das Gesetz zwinge, diese Disharmonie wieder auszugleichen. Auch den Ehrgeiz loszulassen, helfen zu wollen, etwas bewirken zu wollen, überhaupt etwas zu wollen!

10. *Das führt zu einer unerschütterlichen Gelassenheit,* denn Gelassenheit kommt von LASSEN. Wenn ich erkenne, alles ist gut, so wie es ist, kann ich alles so lassen und bin gelassen. Ich erkenne, ich habe immer genug Zeit und genug Geld. Brauchte ich wirklich mehr, hätte ich es ja. Ich lasse alle Sorgen los in der Geborgenheit des Bewusstseins: ICH BIN, werde immer sein.

11. *Den Augenblick erfüllen,* das heißt JETZT zu tun, was JETZT zu tun ist. Es gibt in jedem Augenblick einen optimalen Schritt. So kann ich auch in jedem Augenblick ganz in Harmonie sein mit mir und der Welt, kann ganz bewusst im HIER und JETZT leben.

12. *Den Weg genießen.* Da ich immer am Ziel bin, nämlich ich SELBST zu sein, habe ich alles erreicht, was es im Leben zu erreichen gibt. Ich habe den Weg erkannt, gehe den Weg und werde durch mein Vorbild selbst zum Weg. Ich kann den Weg, das Leben, mich SELBST einfach genießen!

Der Weg ist das Ziel

Der übliche Sinn dieses Sprichworts ist, dass es nicht darauf ankommt, möglichst schnell das Ziel zu erreichen, sondern den Weg zu gehen und sich daran zu erfreuen, ihn zu genießen. Danach ist es also das Ziel, auf dem Weg zu sein.

Der eigentliche Sinn dieses Sprichworts aber ist der, dass ich in jedem Augenblick am Ziel bin, wenn ich wirklich ich SELBST bin. Wenn ich so jeden einzelnen Augenblick erfülle, reihe ich einen erfüllten Augenblick an den anderen zu einem erfüllten Leben und bin tatsächlich in jedem Augenblick zugleich auf dem Weg und am Ziel.

Das Leben findet nur JETZT statt, und nur JETZT kann ich am Ziel sein. Es ist unwichtig, ob ich in der Vergangenheit schon am Ziel war oder ob ich es in Zukunft sein werde; die Vergangenheit ist tot, und die Zukunft noch nicht existent. Ich lebe nur jetzt, in diesem Augenblick, und ich kann in diesem Augenblick am Ziel sein, wenn ich wirklich ich SELBST bin.

Wenn ich ich SELBST bin, geschieht Evolution so, wie sich das Leben durch mich verwirklichen will, und es entsteht der Weg der Evolution dadurch, dass ich die ganze Zeit am Ziel bin. Dann ist Vollkommenheit in jedem Augenblick da, denn das Geschehen des Augenblicks ist immer ein Ausdruck der Vollkommenheit.

Vollkommenheit ist nicht ein Ideal, ein fernes Ziel, sondern die Chance eines jeden Augenblicks. SEI DU SELBST heißt also, nicht mehr nach Bildern und Programmen und Vorstellungen zu leben, sondern in jedem Augenblick neu und authentisch da zu sein.

11. Methoden der Selbstheilung: Werkzeug sein

Ich habe keine Ahnung, was Gott ist. Und doch habe ich eine Erfahrung von der Existenz Gottes. Diese Präsenz namens Gott ist sehr real, obwohl ich nicht weiß, wie ich Gott definieren soll. Gott als Person oder Ding zu sehen, das scheint mir nicht möglich.
Einen Menschen aufzufordern, zu erklären, was Gott ist, ist das gleiche, wie einen Fisch aufzufordern, das Wasser, in dem er schwimmt, zu erklären.
Fred Alan Wolf

Heilung durch Medikamente

Medikamente sind von außen zugeführte Energien, die einen Mangel in uns ausgleichen. Der Prozess der Ganzwerdung beinhaltet immer eine Erkenntnis, die uns vollständiger und damit heiler werden lässt. Kommt es nicht zu der notwendigen Erkenntnis, führt uns die eingesetzte Energie auf den Weg der Erfahrung, und zwar zur Erfahrung der Heilung, die unserem derzeitigen Bewusstsein entspricht.

Ganz gleich, welche Art von Medikament wir einnehmen, wir werden vom Leben nur mit dem Schritt konfrontiert, der jetzt hilfreich ist, den wir tun können, der unserem derzeitigen Bewusstsein entspricht. So wie unser Bewusstsein immer »feiner« wird, so wird auch das benötigte Medikament immer »feinstofflicher«. Nehmen wir als geistig Fortgeschrittene ein physisches Medikament, dann werden wir auf der physischen Ebene mit dem eigentlichen Schritt zur Heilung konfrontiert. So wirkt jedes Medikament auf der Ebene, zu der die verwendete Energie gehört, zwingt uns auf dieser Ebene, den notwendigen Schritt oder Sprung zur Ganzheit zu tun.

So heilt uns das Leben: entweder Schritt für Schritt oder durch einen plötzlichen Sprung, der uns zur Ganzheit führt. Die vollkommene Heilung ist die Einswerdung, das Ziel der Evolution. Dieses Ziel zu erreichen, ist die Bestimmung eines jeden. Wir erreichen dieses Ziel entweder auf dem Weg der Erkenntnis oder auf dem Weg der Erfahrung über Krankheit und Leid.

Mit der Einnahme eines Medikamentes signalisieren wir dem Leben unsere Bereitschaft, heiler zu werden. Das Leben führt uns dann immer zunächst auf den Weg der Erkenntnis. Erkennen wir aber nicht oder tun wir aus dieser Erkenntnis heraus nicht das Notwendige, dann führt uns das Leben auf den Weg der Erfahrung. Es verstärkt eventuell noch unsere Symptome, konfrontiert uns dadurch immer klarer, aber auch immer zwingender mit der Aufgabe, bis wir den erforderlichen Schritt getan haben und bereit für eine neue Aufgabe sind, für einen weiteren Schritt.

Je weiter fortgeschritten wir sind, desto differenzierter und sorgfältiger müssen wir das Medikament, die einzusetzende Energie wählen. Wir können nicht sagen: »Dieses Medikament hilft meistens oder hat mir bisher immer geholfen.« Denn das, was uns bisher immer geholfen hat, kann uns irgendwann nicht mehr helfen, weil es uns, unserem Bewusstsein nicht mehr entspricht.

Die Form der Heilung entspricht immer unserem derzeitigen Bewusstsein. Verbrennen wir uns an einer heißen Herdplatte, kann die Botschaft lauten, sinnvoller mit der elektrischen Energie umzugehen oder achtsamer zu sein in unseren Handlungen, oder sie führt zur Erkenntnis, dass uns diese hohe Energie noch verletzen kann, weil wir noch nicht in der höchsten Energie sind. Es ist immer eine Aufforderung, den jetzt notwendigen Schritt zu tun!

Wir können uns Heilenergie in Form von Medikamenten zuführen, aber es gibt eine Vielzahl von anderen Möglichkeiten, wie wir mit heilender Energie in Berührung kommen können, zum Beispiel:

- Licht und Farben
- Kristalle
- Aroma und Düfte (Lampen), Essenzen
- Natur (Tiere, Pflanzen, Kräuter, Naturverbundenheit)
- Arbeit mit Chakren
- Gedanken, Affirmationen
- Visualisierungen, innere Bilder
- die Kraft der Elemente Erde, Wasser, Feuer, Luft, Äther (die kosmische Sphäre)

- Gebet und Meditation
- Musik, Kunst und Literatur
- Therapeuten und Heiler
- Liebe

Über alle diese Formen der Heilung gibt es unzählige Bücher. Die wirkungsvollsten Heilmittel, die geistigen Selbstheilungskräfte, werden dabei aber selten beschrieben. Diesen geistigen Selbstheilungskräften widmet dieses Buch seine besondere Aufmerksamkeit.

Heilung durch Energie

Vielleicht ist es für Sie eine ungewöhnliche Sichtweise, Medikamente als »zugeführte Heilenergie« zu sehen. Wir können aber zusammen noch einen Schritt weiter gehen.

Wenn Sie sich mit der kosmischen Energie verbinden, dann können Sie Heilenergie durch Ihre Hände und Ihren Körper fließen lassen, ohne ein Hilfsinstrument zu nutzen.

Dazu wollen wir jetzt eine Übung durchführen, mit der Sie lernen, sich an die kosmische Energie anzuschließen, um so Heilenergie fließen zu lassen:

Machen Sie sich einmal bewusst, was Sie nicht sind, und lassen Sie das, was Sie nicht sind, als Identifikation los: Ich bin nicht der Körper, ich bin der, der diesen Körper be-

wohnt, benutzt, belebt. Ich bin nicht der Verstand; ich bin
der Denker. Ich bin nicht das Gefühl; ich bin der, der fühlt.
Ich bin nicht mein Ego, meine Persönlichkeit; ich bin der,
der durch die Persönlichkeit in Erscheinung tritt. Ich bin
nicht mein Unterbewusstsein. Ich bin nicht die Rolle, die
ich spiele. Ich bin nicht der Name, den ich trage. Ich bin
nicht die Position, die ich innehabe. Ich lasse das alles los.
Das alles und alles andere bin ich nicht. Ich bin Präsenz.
Lassen Sie wirklich alles andere los. Seien Sie nur Präsenz.
Spüren Sie hin, was geschieht, und Sie erkennen vielleicht:
Sie sind noch nicht Präsenz. Sie fangen gerade an präsent
zu sein. Das ist in Ordnung, aber da fehlt noch ein Schritt.
Lassen Sie jetzt auch den los, der da präsent ist. Seien Sie
einfach reine Wahrnehmung ohne einen Wahrnehmenden.
Das ist die Voraussetzung für die geistige Heilung: dass
Sie als reiner Geist präsent sind. Dann sind Sie in der
Kraft. Dann bewegen Sie die Kraft. Dann geschieht Hei-
lung durch Sie.

Unabhängig davon sollten wir uns bewusst machen,
dass jede Heilung, ganz gleich auf welchem Weg sie geschieht, immer eine geistige Heilung ist und dass nur
ein Heiler wirklich heilen kann. Voraussetzung ist also,
dass wir in dem Augenblick des Heilens selbst heil sind.
Wir müssen nicht erleuchtet sein. Wir müssen nicht
vollkommen oder vollendet sein, aber wir können uns
in diesem Augenblick in Einklang bringen mit dem Universum. Das sollten wir tun. Auch das können wir jetzt
einmal miteinander üben.

Stellen Sie sich vor, Sie sind verantwortlich für die Atmo-
sphäre in dem Raum, in dem Sie sich gerade aufhalten. Än-
dern Sie jetzt die Atmosphäre in diesem Raum. Sie machen
das, indem Sie sich die Energie im Raum bewusst machen
und die Energie erzeugen, die hier fehlt, und sie hinzufü-
gen. Was könnte das sein? Vielleicht Einigkeit, Leichtig-
keit. Gut, dann fügen Sie mehr Leichtigkeit ein. Ein ande-
rer könnte vielleicht Wohlwollen vermissen, Sympathie,
Liebe. Dann fügen Sie Liebe hinzu. Wieder ein anderer
sagt: Was mir hier noch fehlt, ist Klarheit. Gut. Dann gibt
er die Klarheit dazu. So fügen Sie in Ihrem Raum das hin-
zu, was Ihnen wichtig erscheint.

Machen Sie es bitte. Das ist eine sehr einfache Übung,
durch die Sie schnell erkennen können, dass Sie die
Energie eines Raumes nicht nur wahrnehmen, sondern
auch nach Ihren Wünschen verändern können. Machen
Sie so aus Ihrem Raum einen Heilplatz, einen Ort der
Heilung. Sie können dies auch gerne sichtbar machen,
indem Sie eine brennende Kerze aufstellen, die symbolisiert: Dies ist mein Raum der Heilung.

Prüfen Sie weiter, was jetzt noch an Energie in Ihrem
Raum fehlt, und fügen Sie hinzu, was hilfreich sein könn-
te. Vielleicht könnten Sie noch mehr Kraft, mehr Power
einfließen lassen. Lassen Sie diese Kraft immer wirksamer
werden. Lassen Sie alles, was Sie hinzufügen wollen, stär-
ker werden.
Werden Sie sich jetzt Ihres Körpers bewusst. Spüren Sie,
an welcher Stelle des Körpers Ihr Bewusstsein ist. Wo in

Ihrem Körper sind Sie? Wo nehmen Sie sich wahr? Für den einen wird es das Herz sein. Für den anderen der Bauch. Für wieder einen anderen das dritte Auge. Sie spüren einfach den Punkt, wo sich Ihre Wahrnehmung, Ihr Bewusstsein konzentriert. Ganz gleich wo das ist, von diesem Punkt ausgehend füllen Sie jetzt Ihren ganzen Körper, dehnen diesen Punkt aus, lassen ihn immer weiter werden, wie einen Luftballon, den Sie in Ihrem Körper aufblasen. Spüren Sie Ihren ganzen Körper gleichzeitig von innen. Seien Sie sich Ihres ganzen Körpers gleichzeitig bewusst.

Wenn Sie jetzt noch im Verstand sein sollten, dann wird Ihnen die Übung nicht gelingen. Denn der Verstand müsste sich zuerst auf die Füße konzentrieren oder auf den Kopf. Er müsste irgendwo anfangen und Punkt für Punkt spüren. Wenn Sie bei Bewusstsein sind, können Sie gleichzeitig den ganzen Körper in jedem Augenblick vollständig von innen spüren: Füße, Knie, Bauch, Brust, Rücken, Arme, Hände, Herz, Hals, Kopf, Haare und alles gleichzeitig. Ich kann es nicht gleichzeitig sagen, aber Sie können es gleichzeitig wahrnehmen. Wenn Sie das können, dann wissen Sie, dass Sie den Verstand überschritten haben. Wenn es noch nicht der Fall war, dann können Sie es jetzt tun. Sie überschreiten den Verstand und kommen zu Bewusstsein und nehmen Ihren Körper von innen gleichzeitig wahr.

Dann stellen Sie sich vor, dass Sie von innen Ihr Kronenchakra öffnen, die oberste Stelle an Ihrem Kopf. Ihr Bewusstsein dehnt sich aus, Sie lassen es wie den Geist aus der Flasche und über Ihren Körper hinauswachsen. Erleben Sie sich und die Umgebung, Ihr Leben aus dieser Perspektive. Spüren Sie Ihr Wahrnehmungszentrum über Ihrem physischen Kopf. Sobald Sie über sich hinausgewachsen sind, tauchen Sie automatisch ein in das allumfassende Energiefeld, in die kosmische Energie. Schließen Sie sich bewusst an dieses kosmische Energiefeld an. Das geht nur, wenn Sie über Ihren Körper hinausgewachsen sind, zu Bewusstsein gekommen sind und wenn Sie als Bewusstsein ans kosmische Netz gehen. Sobald Sie sich angeschlossen haben, sind Sie wieder in der Kraft. Spüren Sie, wie die Kraft über Ihr weit geöffnetes Kronenchakra in Ihren Körper einströmt, wie diese kosmische Energie jede Zelle Ihres Körpers erfüllt. Stellen Sie sich vor, hundert Billionen Körperzellen öffnen ebenfalls ihr Kronenchakra und lassen die kosmische Energie in sich einströmen, sodass jede Zelle Ihres Körpers erfüllt ist mit Kraft. Diese Kraft ist neutral; sie ist bereit, im Auftrag eines Schöpfers jede beliebige Form anzunehmen. Lassen Sie als Schöpfer jetzt diese neutrale kosmische Energie als Heilkraft in sich wirken. Erleben Sie bewusst, wie Heilung in Ihrem Körper geschieht, aber nicht nur in Ihrem Körper. Diese Kraft heilt Ihr ganzes Sein.

Denn diese kosmische Energie ist von Natur aus heil. Sie löst jedes Unheil auf, mit dem sie in Berührung kommt. Diese Kraft gehorcht Ihnen. Sie sind der Schöpfer. Sie lenken den Fluss der Kraft. Sie lassen jetzt Heilung in sich geschehen. Sie können diese Kraft auf einen bestimmten Schwachpunkt in Ihrem Körper lenken und dort besonders intensiv Heilung geschehen lassen. Aber gleichzeitig lassen Sie Ihren ganzen Körper durch diese Kraft heil werden, und damit haben Sie die wichtigste Voraussetzung geschaffen für die geistige Heilung, die durch Sie geschehen kann. Sie selbst sind heil, denn nur ein Heiler kann heilen. So lassen Sie Heilung in sich geschehen. Spüren Sie, wie Heilung in Ihrem Körper geschieht, wie Sie immer heiler werden.

Der nächste Schritt besteht darin, dass Sie diesen Vorgang nie wieder beenden. Von nun an lassen Sie für alle Ewigkeit ständig Heilung geschehen und bleiben so immer in der Kraft und sind immer heil. Sie müssen nicht ständig daran denken. Nur wenn es Ihnen in den Sinn kommt, schauen Sie nach und intensivieren den Vorgang wieder, sodass ab jetzt ständig Heilung geschieht. Es nützt nichts, dass man es mal tut, vielleicht sogar regelmäßig jeden Tag eine Viertelstunde. Wirklich sinnvoll ist nur, wenn das ab jetzt ständig geschieht. Sie bleiben in der Kraft. Sie sind heil. Dann sind Sie bereit für den Heilkreis.

Wenn Sie so an die kosmische Energie angeschlossen sind, dann können Sie auch Energie über Ihre heilende Hand (die dominante Hand) nach außen geben. Sie spüren, wie die Energie weit über Ihre Hand hinausgeht. Im Idealfall merken Sie, wie Ihre Hand riesengroß wird. Spüren Sie nicht nur, wie groß Ihre Hand ist, sondern auch wie dick. Sie können das nicht sehen, sondern nur energetisch spüren. Sie können leicht Energien wahrnehmen, die Sie nicht sehen.

Schließen Sie jetzt die Augen und prüfen Sie: Wie dick fühlte sich Ihre dominante Hand an, wenn Sie an die kosmische Energie angeschlossen sind. Dann merken Sie erst, was Sie da energetisch bewegen. Jetzt nehmen Sie die andere (rezeptive) Hand und fühlen die Energie an Ihren unterschiedlichen Körperstellen. Sie machen eine energetische Handdiagnose am eigenen Körper. Fragen Sie nicht: »Wie soll das gehen?«, machen Sie es einfach. Nur Ihr Tun gibt Ihnen die Antwort. Machen Sie sich bewusst, was dort ist. Was taucht in Ihnen auf? Als Bild, als Energie, als Gefühl? Oder orten Sie zunächst nur, wo etwas ist, falls etwas zu spüren ist.

Bei dieser Energiediagnose müssen wir nicht definieren, was das ist, was wir spüren. Wir spüren nur, da fehlt was, und wir geben das Fehlende hinzu, bis die Harmonie wiederhergestellt ist und Wohlbefinden sich an der Stelle ausbreitet. So wie Sie dem Raum, in dem Sie sich gerade aufhalten, Energie zugeführt haben, so können Sie auch sich selbst fehlende Energie zuführen. Vielen fällt diese Übung leichter, wenn sie sich die fehlende Energie als Farbe vorstellen.

Sie halten Ihre rezeptive Hand (bei Rechtshändern die linke Hand) vor das Herz und spüren: Hier fehlt grüne Energie. Dann nehmen Sie Ihre aktive Hand (bei Rechtshändern die rechte) und geben die Energie der grünen Farbe hinzu (das ist die Chakrafarbe des Herzens). Wenn Sie das Gefühl haben, Ihr Herz braucht die Farbe Violett, dann geben Sie Violett hinzu. Die rezeptive Hand ist die »Diagnosehand«, die aktive, gebende Hand die »heilende Hand«.

Das ist wie der Diagnosestecker bei den modernen Autos, der bei der Inspektion mit dem Diagnosecomputer verbunden wird. Sie nehmen Kontakt auf, und alle Informationen fließen Ihnen zu. Das ist der erste Schritt. Zweiter Schritt: Sie können jetzt ins Detail gehen und sich die verschiedenen Energien bewusst machen.

Wenn Ihnen dieser Schritt der Selbstheilung durch Energie noch etwas schwer fällt, dann prüfen Sie einmal bei einem anderen Menschen, wie Sie mit Ihren Händen die vorhandene oder fehlende Energie spüren können. Sie brauchen den Menschen gar nicht anzufassen, sondern können die Hände in einer passenden Entfernung nehmend und gebend wirken lassen.

Prüfen Sie, ob Sie die Aura eines anderen Menschen fühlen können. Sie nähern sich bei geschlossenen Augen mit beiden Händen einem Menschen und spüren, wie die Energie zunimmt. Plötzlich nimmt die Energie massiv zu, ohne dass Sie diesen Menschen schon berühren. Sie sind an ein mächtiges Energiefeld gestoßen, das den anderen wie ein Mantel umhüllt.

Sie stellen mit Ihrer rezeptiven Hand fest, was der andere braucht, und während Sie gleichzeitig mit Ihrer »Diagnosehand« dran bleiben, führen Sie ihm mit Ihrer »Therapiehand« Heilenergie zu. Das heißt, Sie lassen Energie (zum Beispiel als Farbe) fließen und merken ständig die Veränderung. Sie spüren, ob er an der Stelle diese oder eine andere Energie oder mehr Energie braucht. Sie lassen es geschehen, bis Sie spüren, jetzt kommt die Energie zur Ruhe, sie fließt nicht mehr. Der Energiemangel ist gefüllt.

Sie können energetisch heilen. Sie müssen es sich nur zutrauen. Sie können Ihrem Kind oder Ihrem Partner sagen, dass Sie ihm gerne eine energetische Massage geben möchten – ohne Berührung. Prüfen Sie, was Sie energetisch wahrnehmen und energetisch geben. Wenn Sie an die kosmische Energie angeschlossen sind und mit dieser Energie an einem anderen Menschen arbeiten, dann spüren Sie diese Heilenergie im Fluss wahrscheinlich am deutlichsten. Dann können Sie jede beliebige Energie übertragen. Sie können Bewusstsein oder Klarheit übertragen. Sie können Wohlwollen übertragen, Liebe, Erkenntnis usw.

Wie Sie mit Energie umgehen können, will ich Ihnen an einem anderen Beispiel erläutern. Viele Menschen haben den Glaubenssatz, Geräusche seien Störungen. Worauf ich hinaus will: Nur weil Sie diesen Glaubenssatz haben, stören Sie Geräusche.

Ich hatte zum Beispiel viele Jahre einen solchen Glaubenssatz. Ich war oft viele Stunden mit dem Zug unterwegs und habe solche Zugfahrten gerne zum Meditieren genutzt, um in geistige Welten einzutauchen, innere Erfahrungen zu machen. Dabei wäre ich gerne »ungestört« gewesen. Mit diesem Wunsch, im Zug ungestört zu sein, habe ich genau diese Störungen zuverlässig verursacht. Was ich als »Störung« nicht wollte, habe ich angezogen.

Im ganzen Zug war vielleicht nur ein einziges kleines Kind, aber ganz gleich, wohin ich mich setzte, vor mir oder hinter mir war genau dieses einzige schreiende Kind. Natürlich habe ich vorher geprüft, ob da Kinder sitzen: keine da. Auch keine Mutter, die irgendwo eines versteckt hatte. Also habe ich meinen Platz gewählt. Bei der nächsten Station kam ein Geplärre in den Wagon. Wo setzte es sich hin? Natürlich genau neben mich! Nachdem ich diese »zuverlässig verursachten Störungen« ein paar Jahre erlebt und ertragen habe, habe ich mir gedacht: Jetzt wird es Zeit, das zu ändern. Da hat mir eine Geschichte von einem Freund in New York geholfen. Der Freund hat eine Meditationsschule im vierten Feuerwehrbezirk. Das heißt, neben ihm ist die Feuerwache, und genau auf der Höhe seines Seminarraumes gegenüber ist die Sirene. Natürlich geht sie mehrmals am Tag an und oft für ihn im stillsten Augenblick. Da war es wieder einmal gerade so: Eine Gruppe war bei der Meditation, und mittendrin heulte die Sirene los. Ein Meditationsteilnehmer sagte nach der Übung: »Ich habe immer darauf gewartet, ganz in die Stille eintauchen zu können. All die Tage hat es nicht geklappt. Ich bin zwar ruhiger geworden, aber ich merkte, das ist noch nicht Meditation. Jetzt eben zum ersten Mal spürte ich, wie ich so ganz eins mit mir wurde, verschmolzen war mit dem Kosmos in tiefer Meditation. Dann ging die Sirene los, und natürlich war wieder alles vorbei.« Da sagte ihm mein Freund, der Meditationslehrer: »Wieso war ›natürlich‹ alles vorbei? Es ist eine Frage der Einstellung. Stellen Sie sich doch einfach vor, diese Sirene ist eine Energiequelle, die die Stadt New York uns zur Vertiefung unserer Meditation kostenlos zur Verfügung stellt.« Das Seminar ging zu Ende. Vierzehn Tage später schrieb der Seminarteilnehmer aus Alabama meinem Freund: »Ich bin wieder zu Hause. Ich meditiere täglich, es klappt wunderbar. Das Einzige, was mir fehlt, ist die Sirene.«

Auf diese Weise kann man alles energetisch umkehren. Als ich diese Geschichte zum ersten Mal von meinem Freund hörte, habe ich mich gefragt: Wo habe ich selbst solche Störungen? Mir sind natürlich gleich die plärrenden Kinder auf meinen Zugfahrten eingefallen. Also habe ich gelernt, die störenden Geräusche energetisch zu nutzen, um meine Meditation damit zu vertiefen.

Dann habe ich mit ein paar Bekannten einen Härtetest gemacht. Da war in unserer Stadt gerade ein Kindergartenfest mit Kasperletheater und 120 Kindern. Sie kennen das: Wenn der Kasper nicht merkt, dass das Krokodil von hinten kommt, dann stimmen die Kinder ein ohrenbetäubendes Gebrüll an, bis man sein eigenes Wort nicht mehr verstehen kann.

Wir haben also zu fünft versucht, in diesem Getöse zu meditieren. Wir haben uns mitten in das Kinderfest gesetzt und meditiert. Ich muss sagen, ich habe vielleicht zehn Minuten gerungen und alles Mögliche gemacht. Es wollte nicht gelingen – auf einmal war ich weg: tiefe Meditation, tiefer Frieden. Ich habe in diesem Lärm meditieren können. Irgendwann war meine Meditation beendet, und ich machte die Augen auf. Ich erinnere mich noch wie heute. Ich sah die Kinder rundherum toben, aber für mich herrschte absolute Stille. Ich habe nichts gehört. Erst nach fünf, sechs Sekunden trat das Lärmen der Kinder wieder ins Bewusstsein.

Da wusste ich zuverlässig, auch für mich gilt, es ist nur eine Frage der Einstellung: Ich kann jede Energie, die mich stört, als Energie für mich arbeiten lassen.

Wenn Sie also irgendetwas bei sich finden, was Sie stört – und Geräusche sind eines der häufigsten Fehlprogramme –, dann sollten Sie dieses Fehlprogramm nicht nur löschen. Sie sollten die Energie umwandeln und für sich nutzbar machen.

Mit anderen Worten: Bei jeder Heilung gibt es zwei Seiten, die ich ganz einfach so zusammenfasse: Negatives raus – Positives rein. Also nicht nur den Symptomschmerz wegschicken, Heilung geschehen lassen, sondern auch Wohlgefühl, Vitalität, Vollkommenheit hereinholen.

Genauso geht es im Falle von störenden Geräuschen: Nicht nur das Programm löschen, zum Beispiel mit einer Affirmation wie »Geräusche sind mir ganz gleichgültig«. Es würde das Gegenteil bewirken. Denn nicht hören geht nicht. Geräusche gehören zum Leben. Sie können sie nicht einfach verschwinden lassen. Aber Sie können diese Energie umwandeln, indem Sie zum Beispiel die Affirmation verwenden: »Jedes Geräusch vertieft meine Konzentration.« Sie werden überrascht sein. Es funktioniert genauso, wie vorher die Störung funktioniert hat. Jedes Geräusch vertieft Ihre Konzentration.

Wenn Sie dieses Programm verinnerlicht haben und sich konzentrieren oder meditieren wollen und irgendwo in der Nähe heult eine Kreissäge auf, dann gehen Sie in das Geräusch und sagen sich, ah, eine Kreissäge, und dann gehen Sie zurück an Ihre Arbeit, in Ihre Konzentration. Es kommt darauf an, dass Sie dieses Geräusch bewusst registrieren, annehmen und loslassen. Das ist alles. Es ist ganz wichtig, dass Sie nicht nur ein störendes Geräusch wahrnehmen, sondern dieses Geräusch auch identifizieren. Dann können Sie das Geräusch der Kreissäge loslassen. Glauben Sie mir – besser: prüfen Sie es nach: Eine Störung ist nie im Außen, sie ist immer im Innen.

Vorstellungen kollidieren mit der Realität. Schauen wir einmal die beiden Alternativen an: Entweder hängen Sie an Ihrer Vorstellung und behalten sie, dann müssen Sie die Realität ändern. Oder aber Sie können oder wollen die Realität nicht ändern, dann müssen Sie Ihre Vorstellung ändern.

Prüfen Sie, ob Sie auch solche störenden Vorstellungen haben, mit denen Sie immer wieder konfrontiert werden – so wie ich mit dem Kind im Zug. Bedenken Sie auch noch den Nebeneffekt: Wenn Sie ein solches Programm haben, ziehen Sie unwiderruflich immer wieder solche Situationen in Ihr Leben, bis Sie das Programm gelöscht haben. Mit anderen Worten: Dieses Programm wird zur Ursache seiner eigenen Wiederholung.

Nehmen wir einmal an, Sie gehen in ein Konzert. Alles ist absolut still, da geht direkt neben Ihnen der Ventilator los. Sie sind der Einzige, der unmittelbar daneben sitzt. Wenn man zwei Meter weiter sitzt, hört man es nicht mehr. Sie werden sehen, Sie ziehen in schier unglaublichen Situationen diese Störung magnetisch an, solange für Sie die Störung eine Störung ist. Das Leben wartet nur darauf, dass Sie dieses Programm löschen und in Frieden sind. Auf einmal ist es gut. Das könnte gerade jetzt bei der »Heilungsarbeit« mit diesem Buch sein.

Vielleicht denken Sie, dass ich in diesem Kapitel etwas unstrukturiert bin. Bedenken Sie aber: Ich spreche weniger Ihren linearen Verstand an als vielmehr Ihr Energiebewusstsein. Und ich hoffe, Sie haben oft genug gesagt: Oh, das probiere ich jetzt einmal.

Solche »Störungen«, die Sie wahrscheinlich tagtäglich in Ihrem Leben erleben, sind die kleinste Art von Disharmonie (oder nennen wir sie: Krankheit). Und die vorgeschlagene Methode ist die einfachste Art, sie zu beseitigen. Wenn Sie störende Geräusche in aufbauende Energie umwandeln können, dann haben Sie schon eine mächtige Heilkraft in sich geweckt und sind ein gutes Stück auf dem Weg der Heilung gegangen.

Wenn Sie mit heilenden Energien weiter arbeiten wollen, dann schenken Sie einem anderen Menschen eine »Energiemassage« (sie kann danach auch in eine körperliche Massage übergehen). Spüren Sie die Energien bei dem anderen Menschen, spüren Sie Energielöcher, die Sie mit Energie (Farbe) füllen. Spüren Sie vor allen Dingen dabei: Es geht sowohl Ihnen wie auch dem anderen nach einer solchen »Behandlung« wesentlich besser. Aber vergessen Sie nicht, sich vor dieser Energiemassage zu zentrieren, selbst in Ihr Zentrum zu kommen, sich an die kosmische Energie anzuschließen.

Und dann werden Sie Ihr eigener Energietherapeut!

Heilung durch Imagination

Der Körper ist ein natürlicher Transformator mit der Fähigkeit, alle Formen von Energie in Materie und von Materie in Energie umzuwandeln. Wenn Sie das nicht glauben können, dann überlegen Sie doch einmal, wie es dem Körper gelingt, ein Mittagessen in Energie und Körperwärme umzuwandeln, oder wie aus dem Abendessen Haare werden.

Der erste Schritt zur Selbstheilung ist, sich so vollkommen wie möglich zu entspannen. Stellen Sie sich vor, Sie sind im Urlaub am Strand, liegen wohlig in der Sonne und lassen völlig los. Es genügt jedoch nicht, das nur zu denken, Sie sollten es *fühlen*! Mit diesem Gefühl gehen Sie nun in eine andere Situation Ihres Lebens, in der Sie sich ebenfalls so richtig wohl gefühlt haben, und kommen zu einem Bewusstseinszustand, in dem Sie Ihre natürliche Gesundheit und Vitalität *spüren*! Dieses Gefühl des Wohlbefindens kann Ihr Immunsystem und andere Körperfaktoren in der Weise stimulieren, dass es dem Körper gelingt, *jede* Krankheit aufzulösen.

Der zweite Schritt zur Selbstheilung besteht darin, dieses Gefühl des Wohlbefindens aus der Erinnerung in die Gegenwart zu holen. Spüren Sie, wie dieses Wohlgefühl und diese Hochstimmung Ihren Körper *jetzt* erfüllen und wie Ihr Körper darauf reagiert. Erleben Sie, wie Ihr Körper die gesundheitliche Störung direkt auflöst. Denken Sie nicht nur, dass das geschieht, *fühlen* Sie es, erleben Sie es mit, wie Ihr Körper dieses heilende Gefühl in jede Körperzelle schickt, wie jede Körperzelle durch dieses Wohlgefühl aufblüht, lächelt und ihre Aufgabe optimal erfüllt.

Der dritte und letzte Schritt zur Selbstheilung besteht darin, sich selbst ganz gesund und vital bei einer erfüllenden Tätigkeit zu *erleben*! Spüren Sie die Freude und Dankbarkeit in sich, völlig geheilt zu sein. Erleben Sie Ihren Körper, wie er springt, läuft, tanzt oder schwimmt, was immer Sie wollen. Erleben Sie, wie Ihr Körper ganz leicht und frei etwas tut, was Ihnen bisher Schwierigkeiten oder Schmerzen bereitete, und genießen Sie die Freude darüber. Beenden Sie die Übung, indem Sie sich bewusst machen, dass Ihr wahres Selbst nie krank war – vollkommen heil ist!

Sie imaginieren also einen intensiven Zustand des Wohlgefühls, der Lebensfreude, des Einsseins mit sich selbst. Das fällt Ihnen schwer? Ihre Krankheit lässt das alles nicht zu – ja, Sie empfinden es geradezu als Hohn, sich Wohlsein und Lebensfreude »einzubilden« (ein anderes Wort für Imagination)? Dann machen Sie sich bitte Folgendes bewusst: Wenn Sie krank sind oder im Mangel leben und Ihr Bewusstsein auf diesen Mangel richten, haben Sie den Mangel und das Kranksein gerade verstärkt. **Sie verstärken den Mangel und Ihr Kranksein mit einem Denken, das sich ständig um die Krankheit dreht.** Die Tiefe und Konsequenz dieses Satzes überliest sich sehr schnell. Die meisten Menschen, die eine Krankheit haben, versuchen doch alles zu tun, damit diese Krankheit wieder verschwindet. Ihr ganzes Denken, ihre Gefühle, Träume drehen sich Tag und Nacht um diese Krankheit. Sie sind so von ihr gefesselt und besetzt, dass sich eine Heilung nicht einstellen will. Sie identifizieren sich so mit ihrer Krankheit, dass sie ihre Krankheit werden. Wer in dem Bewusstsein lebt, »ich bin ein Krebspatient«, darf sich nicht wundern, wenn er ein Krebspatient ist und bleibt – und all das tut, was ein Krebspatient allgemein tut. Die Identifikation mit diesem »Ich bin das und das« ist so machtvoll, dass Sie das und das auch bleiben werden, solange Sie in der Identifikation sind.

Gerade weil es einer der größten Fehler in der Selbstheilung und eine Blockade für die Genesung ist, möchte ich dies hier sehr deutlich herausstellen:

Wer gesund werden will, darf nicht an Krankheit denken und sich mit dieser Krankheit identifizieren. Denn erst das Bewusstsein des Heilseins macht heil. Statt sich ständig mit den Krankheitssymptomen zu beschäftigen, ist es viel heilsamer, sich innerlich ein klares Bild davon zu machen, wie Sie sind, wenn Sie vollkommen heil sind.

Prüfen Sie dies doch gleich einmal selbst nach: Nehmen Sie sich ein wenig Zeit, und stellen Sie sich innerlich vor, wie Sie sind, wenn Sie wieder vollkommen gesund sind. Stellen Sie sich dieses innere Bild so plastisch und lebhaft vor, dass Sie sich richtig freuen können und dankbar für dieses Bild der vollkommenen Heilung sind. Beenden Sie diese Übung nicht, bevor Sie nicht ein sehr liebevolles Gefühl für sich selbst spüren. Dann wirkt dieses innere Bild heilend. Machen Sie das Bild Ihrer vollkommenen Genesung zu

Ihrem persönlichen Glaubensbekenntnis. Vielleicht malen Sie es oder bringen es durch ein äußeres Zeichen zum Ausdruck. Es könnte ein weißes Taschentuch sein, das für Sie jetzt den Glauben an Ihre vollkommene Heilung symbolisiert. Legen Sie es auf den Nachttisch. Es erinnert Sie morgens und abends an dieses Bild. Gehen Sie so oft wie möglich wieder in dieses innere Bild und den Glauben: So verursache ich meine Realität. Machen Sie daraus ein tägliches Ritual.

Wenn Sie so erkennen, dass Sie von Ihrem wahren Wesen her heil sind und Ihr Bewusstsein darauf richten und dieses Heilsein in Erscheinung rufen als körperliche Gesundheit, dann haben Sie sich geheilt. Es geht also darum, dass Sie sich nicht vom äußeren Schein ablenken lassen.

Nehmen wir als Beispiel eines der harmlosesten Symptome, das es gibt: einen Pickel.

Sie haben also einen Pickel und wollen ihn loswerden. Wenn Sie jetzt etwas gegen diesen Pickel unternehmen (zum Beispiel ihn ausdrücken), verstärken Sie ihn. Wie oft geschieht es, dass Sie etwas mit festem Willen tun, und genau das Gegenteil tritt ein. Statt etwas zu beseitigen, haben Sie es verstärkt. Jetzt stellen Sie sich einmal vor den Spiegel und sehen Sie den Pickel weg. Sie sehen Ihr Spiegelbild ohne diesen Pickel, und Sie halten dieses vollkommene Bild fest in Ihrem Bewusstsein. Auf der körperlichen Ebene ist der Pickel noch sichtbar, aber Sie sehen, dass er bereits weg ist. Sie sehen, wie an dieser Stelle wieder ganz

reine Haut ist. Das Leben kann nicht anders; es muss die-
sen Zustand hervorbringen.

Wenn Sie krank sind, dann liegt dem eine geistige Fehlhaltung zugrunde. Ihr Körper braucht keine Verstär-
kung dieser Fehlhaltung, sondern eine Korrektur. Die
Sprache des Körpers (vermittelt durch das Unterbewusstsein) sind vor allem Bilder, Metaphern, Geschich-
ten. Durch Imagination kann der »innere Bauplan der
Genesung« im Bewusstsein verstärkt werden.

Machen Sie zunächst eine genaue Bestandsaufnahme:

• Wie ist die derzeitige Situation, was stört, fehlt, muss
geändert werden? Das machen Sie am besten schriftlich: »Ich habe sehr häufig Kopfschmerzen.«
• Dann definieren Sie präzise den erwünschten geheilten Zustand in positiver Weise. Also nicht: »Ich habe
keine Kopfschmerzen mehr«, (das ist kein positiv be-
schriebener Endzustand), sondern zum Beispiel:
»Mein Kopf ist hell und klar. Ich habe eine schnelle
Auffassungsgabe, kann alles behalten und mich an
alles erinnern.
• Dann »sprechen« Sie in der Imagination, eingebettet
in eine Meditation, mit dem betreffenden Organ oder
Körperteil.
• Sehen Sie innerlich dieses Organ so, wie es im geheilten Zustand erscheint: Sehen Sie sich selbst in vollkommener Gesundheit und wie sich Ihr Leben dadurch gewandelt hat.
• Zeigen Sie diesem Organ in mehreren inneren Bil-

dern oder einem vorgestellten Film, was genau Sie von ihm erwarten. Formulieren Sie in aller Ruhe, am besten wieder schriftlich, mindestens drei positiv ausgedrückte Affirmationen der neuen Situation, des erreichten Endzustandes, beispielsweise: »Ich habe jederzeit einen klaren Kopf und Verstand. Ich bin jederzeit geistesgegenwärtig. Meine geistige Flexibilität und Klarheit machen mir große Freude.«

Betrachten Sie dann das Organ oder den Körperteil als geheilt. Bei eventuellen Wiederholungen vertiefen Sie die Heilung lediglich noch. Verbinden Sie in der Imagination den physischen Körper mit Ihrem zeitlosen Sein. Sobald Bewusstsein und Körper verbunden sind, beantwortet Ihr bewusster Körper alle Fragen, die Sie ihm stellen, und macht Sie von sich aus aufmerksam, wenn etwas zu tun ist.

Sie können das nur schwer glauben? Dann sind wir schon bei unserer nächsten mächtigen Selbstheilungskraft.

Heilung durch Glauben

Der Glaube ist ein nahezu unbekanntes Heilmittel. Dabei heißt es schon in der Bibel: »*Alle Dinge sind möglich, dem der da glaubt*« (Markus 9,23). Machen wir uns einmal diese umfassende Aussage bewusst. Sie brauchen in der Schule nicht viel gelernt zu haben. Sie können Ihr ganzes Wissen vergessen. Stellen Sie sich vor, Sie haben nur diesen einen Satz mitbekommen: Alle Dinge sind möglich, dem der glaubt. Damit können Sie alle überflügeln. Heinz Rühmann hat in einem Film als Pater Brown gesagt: »Wir glauben zu viel an den praktischen Wert des Wissens und wissen zu wenig vom praktischen Wert des Glaubens.«

Der wahre Glaube hat wenig damit zu tun, was wir im Alltag darunter verstehen: nicht wissen, nur vermuten. Wir machen uns sogar lustig über den Glauben, wenn wir sagen: »Wer's glaubt, wird selig.« Wahrer Glaube ist etwas ganz anderes. Er ist das Erinnern an die eigene vollkommene göttliche Natur – und dann stimmt es wirklich: Wer glaubt, wird selig.

Wenn jemand zu Jesus kam und sagte: »Herr, heile mich, sprich nur ein Wort, und ich bin gesund!«, dann war das Wort, das Jesus sprach, nicht »Sei gesund!« oder »Spüre deinen Schmerz nicht mehr«, sondern: »Dir geschehe nach deinem Glauben!« Wenn der andere dann geheilt war und sich bedankte, sagte Jesus: »Dein Glaube hat dir geholfen!« Er kannte die Gesetzmäßigkeit.

Wenn Sie jemanden heilen wollen und der andere nicht daran glaubt, dass er geheilt werden kann, dann kann es auch nicht geschehen. Wenn er glaubt, dass es nicht geht, dann wird genau sein Glaube erfüllt. Er bekommt das, was er glaubt, nämlich dass es nicht geht, dass er nicht geheilt werden kann. Jetzt prüfen Sie einmal Ihren eigenen Glauben: Wovon glauben Sie, dass es nicht geht? Oder dass es vielleicht möglich wäre, aber nicht jetzt. Oder nicht bei dem. Oder nicht bei dieser Krankheit. Wo immer Sie also mit Ihrem Glauben Grenzen setzen, werden Sie erfahren, dass diese Begrenzung Realität wird.

Das heißt, ganz gleich, ob Sie glauben, es geht oder es geht nicht: Sie behalten immer Recht. Das ist die absolute Macht des Glaubens.

An einer anderen Stelle der Bibel heißt es: »*Alles, um was ihr bittet, glaubt nur, dass ihr es erhalten habt, und es wird euch zuteil werden*« (Markus 11,24). In diesem grammatikalisch sonderbaren Satz ist das Geheimnis der Wirkungsweise enthalten. Nämlich, das Leben kann uns nur das geben, was wir glauben, bereits bekommen zu haben. Niemand kann erleuchtet werden, der nicht erleuchtet ist. Niemand kann heil werden, der es nicht geistig schon ist. Wir müssen also den erwünschten heilsamen Zustand erst einmal in Besitz nehmen, damit sich Heilung vollziehen kann.

Ich nehme mal ein leichteres Beispiel als das des Heilungsprozesses: Übertragen wir das Gesagte auf eine Firma: Niemand wird formal Direktor, wenn er es nicht innerlich schon ist. Er muss also vorher schon in der Lage sein, diese Position auszufüllen. Er muss die Fähigkeiten haben, die Größe, die Souveränität, die Fachkenntnisse, die Beliebtheit oder was auch immer dazu erforderlich ist. Er muss es erst sein, bevor er es werden kann.

Ich bitte Sie um den Glauben an sich selbst, dass Sie als Selbstheiler absolute Spitze sind. Versetzen Sie sich in die

Situation: Sie sind die größte Heilerin der Welt. Lenken diese Kraft – und alles, worauf Sie Ihr Bewusstsein richten, geschieht. Heilung geschieht in jedem einzelnen Fall. Wenn Sie dieses Bewusstsein so halten und glauben, dass Sie sich heilen können, hat das Leben keine andere Wahl, als dies Realität werden zu lassen. Was Sie später (im nächsten Augenblick) als Realität erleben, muss bereits in diesem Augenblick in Ihrem Bewusstsein Realität sein. Dann kann es außen in Erscheinung treten. Die Saat erfolgt in Ihrem Bewusstsein; dann erst gibt es eine Ernte in der Realität.

Heilender Glaube ist der, der nicht mehr auf den äußeren Schein, sondern auf das innere Sein blickt und damit versucht, dass es sich außen manifestiert, sich als Umstand oder als Heilung verwirklicht.

Glaube ist also ein inneres Wissen, das nicht auf äußeren Beweisen ruht. Es ist ein inneres Erkennen der Wahrheit und Wirklichkeit. Wahrer Glaube ist die innere Gewissheit, dass das Erwünschte in Erscheinung treten muss, wenn Sie sich der einen Kraft ganz öffnen und sie auf das erwünschte Ziel lenken.

Sie können Ihre Glaubenskraft dadurch prüfen, dass sich allein durch den Glauben ein Gefühl der Freude und Dankbarkeit einstellt. Man dankt ja für etwas, das man bereits erhalten hat, und damit verlegt man die Erfüllung ins JETZT.

Paracelsus erkannte schon im 16. Jahrhundert: *»Die Vorstellung ist die Ursache vieler Krankheiten, der Glaube aber ist die Heilung ALLER Krankheiten.«*

Die einfachste Form, den Glauben an die eigene Gesundheit zu praktizieren, ist es, sich dort Gesundheit vorzustellen, wo jetzt Krankheit ist, und den betreffenden Teil des Körpers als bereits geheilt zu »sehen«. Dieses innere Bild dient dem Körper als »Bauplan«, nach dem er Wirklichkeit schafft. Mitunter kann eine Heilung auf diesem Weg sofort erreicht werden. Oft aber ist wiederholtes Hinwenden im Glauben erforderlich. Auch Jesus betonte immer wieder die »Ausdauer im Glauben«.

Glaube ist also nicht nur Bejahung, sondern Gewissheit der Wahrheit und der Verwirklichung des gläubig Bejahten. Wer nur glaubt, was er sieht, der ist erst bereit, an die Wirkung des Säens zu glauben, wenn er die Ernte sieht.

Aber auch wer nicht glaubt, der glaubt, nur eben das Falsche, das Gegenteil von dem Erwünschten. Zweifel ist Glaube, der gegen Sie arbeitet. Zweifel ist Glaube an einen möglichen Misserfolg! Doch der festeste Glaube muss wirkungslos bleiben, wenn Sie die Erfüllung in die Zukunft verlegen, wenn Sie in der Gegenwart Ihr Bewusstsein auf den Mangel richten. Erst wenn wir uns JETZT mit dem Gedanken der Verwirklichung erfüllen, ist der Weg für die eine Kraft frei, können wir Erfüllung erfahren.

Also sollten wir gläubig bejahen: »Ich glaube, dass die eine Kraft mich JETZT heilt, mir JETZT hilft.« Heilung ist immer zuerst ein Wachsen im Bewusstsein. Andauerndes gläubiges Bejahen als Erkennen der inneren Wirklichkeit löst alle Hindernisse auf, lässt die Heilung frei fließen und ermöglicht vollkommene Gesundheit und das In-Erscheinung-Treten des erwünschten End-zustandes.

Nichts steht zwischen dem Menschen und der Erfüllung eines jeglichen Wunsches als Zweifel und Sorge. Wer sich aber etwas in der Gewissheit der Erfüllung wünschen kann, dem ist die Erfüllung sicher. Glaube ist eine höchst intelligente Angelegenheit, denn im Glauben liegt die Bereitschaft, die Unbegrenztheit des menschlichen Geistes anzuerkennen. Über folgende Sätze können Sie einmal nachdenken oder meditieren:

- Alle Dinge sind möglich, dem der glaubt.
- Ich glaube an die Sonne, auch wenn sie scheinbar gerade nicht scheint.
- Ich glaube an die Liebe, auch wenn ich sie gerade nicht erlebe.
- Ich glaube an Gott, auch wenn ich ihn nicht sehe.
- Wer nicht an Wunder glaubt, ist kein Realist.

So gibt es keine unheilbaren Krankheiten. Unheilbar sind nur Menschen, die an ihrem Irrglauben festhalten. Sie können nicht geheilt werden, denn nach ihrem Glauben geschieht es. In Wirklichkeit ist Gesundheit Ausdruck unseres wahren Wesens und ständig vorhanden. Sobald wir unser Bewusstsein darauf gerichtet halten, verschwindet die Illusion von Krankheit.

Fassen wir das Besprochene als »Gesetz des Glaubens« zusammen:

Alle Dinge sind möglich, dem der glaubt. Dieser Glaube ist das Erinnern an die eigene, wahre Natur des Menschen. Dazu gehört natürlich auch der unerschütterliche Glaube an uns selbst. Daran, dass wir es wert sind, erfolgreich zu sein, und dass wir JETZT bereit sind, diesen Erfolg anzunehmen. Der feste Glaube an den Erfolg ist also eine wichtige Voraussetzung für ebendiesen Erfolg.

Wir treffen unsere Entscheidungen spontan nach unseren inneren Überzeugungsmustern, nach den Glaubenssätzen, die in unserem Bewusstsein und Unterbewusstsein gespeichert sind, auch wenn diese gleichzeitig Beschränkungen und Grenzen, also innere Widerstände beinhalten, die sich unserer Selbstverwirklichung in den Weg stellen. Diese entstanden unbewusst aus Unwissenheit und wurden von Generation zu Generation weitergegeben.

Der Satz »Dir geschehe nach deinem Glauben!« ist ein geistiges Gesetz, das auch heute noch gilt. Sorgen wir also dafür, dass wir stets das Richtige glauben, denn die Geisteskraft des Glaubens verbindet uns mit der schöpferischen Urkraft des Universums, sodass nichts mehr unmöglich ist. Machen wir uns bewusst:

Wissen stellt Tatsachen fest, Glaube schafft Tatsachen.

Glauben lernen: die Macht der kleinen Schritte

Viele Menschen können nicht mehr glauben. Ihnen fehlt vor allem das Urvertrauen, eingebettet zu sein in die

Harmonie und Ordnung der Schöpfung. So beginnt der erste Schritt, glauben zu lernen, damit wieder ganz bewusst ein ordentlicher Teil der allumfassenden Ordnung zu werden, das heißt, *unsere Angelegenheiten und uns selbst in die Ordnung zu bringen und zu halten.*

Wir können mit ganz kleinen Schritten beginnen, indem wir uns bewusst machen, was wir gerade noch glauben können. Durch gläubiges Bejahen setzen wir die Ursache für die Verwirklichung und haben so ein Glaubens-Erfolgserlebnis. Viele solcher Erfolgserlebnisse führen dann zur *Glaubenserfahrung,* auch wenn es beim ersten Mal nur ein »imaginäres Erfolgserlebnis« war.

Es kommt darauf an, dass wir uns nicht gleich zu viel vornehmen, sondern erst einmal ein Erfolgserlebnis schaffen. Dadurch lernen wir Schritt für Schritt zu glauben. Aus Glaube wird Erfahrung und aus Erfahrung neuer Glaube, und am Ende glauben wir immer mehr an uns selbst.

Prüfen Sie einmal Ihre Glaubenssätze:

- Wir formen unseren Körper nach unserem Bild im Bewusstsein. Ist dieses Bild in Ordnung, ist auch der Körper gesund und heil.
- ALLES, war ihr im Gebet erbittet, werdet ihr erhalten, wenn ihr glaubt.
- Ich glaube, dass Heilung *in meinem Fall* möglich ist.
- Ich lebe in einer »heilenden Zuversicht«.
- Glaube ist nicht nur Bejahung, sondern Gewissheit der Verwirklichung des gläubig Bejahten.

- Der Glaube des Menschen muss die Tür seiner Zweifel verschließen, damit die Heilung in Erscheinung treten kann, die immer darauf wartet, eingelassen zu werden.
- Wer da hat (den Glauben an seine Heilung), dem wird gegeben werden (die Heilung), auf dass er die Fülle und Vollkommenheit habe.
- Einem jeden geschieht nach seinem Glauben.
- Heilender Glaube ist der, der nicht auf den äußeren Schein, sondern auf die innere Wirklichkeit blickt.
- Erst *ständiger* Glaube wirkt Wunder.

Prüfen Sie bitte jeden einzelnen Satz für sich. Können Sie dem zustimmen? Haben Sie Bedenken? Was ist *Ihre* Wahrheit?

Wahrer Glaube ist die Erkenntnis, dass jeder in Wirklichkeit vollkommen heil und gesund ist und dass Krankheit nur eine Vorstellung im Bewusstsein und damit Illusion ist. Der Glaube an Gott genügt nicht; was Sie brauchen, ist den Glauben Gottes.

Heilen durch Glaubenssätze (»Affirmationen«)

Ich verwende statt »Affirmationen« gerne den Begriff »Glaubenssätze«, weil er deutlich macht, dass wir bestimmte Lebensmottos haben, die sich in einfache Sätze bringen lassen, an die wir glauben, ob wir uns dessen bewusst sind oder nicht. Sie haben eben einige heilsame Glaubenssätze gelesen und für sich geprüft, was Ihre eigenen Glaubenssätze sind. Wir wollen dieses Thema jetzt vertiefen. Wenn Sie die Macht Ihres Glaubens erkannt haben, dann ist der erste praktische Schritt, blockierende Glaubenssätze zu erkennen und sie durch heilsame Glaubenssätze zu ersetzen.

Jeder Ihrer Glaubenssätze geht in Erfüllung! Vielleicht schockiert Sie dieser Satz. Umso besser! Das kann ein guter Impuls zur Wandlung sein. Genauso wie die Nachrichten meist negativer Art sind, sind unsere Gedanken weitgehend negativ und unheilsam. Dann ist es kein Wunder, wenn so viel Negatives geschieht! Prüfen Sie für sich selbst: Sind Sie ein Mensch, der immer positiv gestimmt ist, den Tag mit Freude beginnt und mit Begeisterung schließt? Sind Sie dieses Glückskind, dem alles in den Schoß zu fallen scheint – oder fühlen Sie sich vom Unglück verfolgt? Was Sie denken, geht in Erfüllung!

Sie sind Schöpfer. Das Leben hat keine Wahl, Ihnen zu widersprechen. Es kann nicht sagen: »Das mache ich, das mache ich nicht.« Wenn Sie sich als Schöpfer bewusst sind und eine bestimmte Vorstellung haben, dann muss das Leben sie erfüllen. Wenn Sie die Vorstellung haben: »Man kann nun mal im Leben nicht alles erreichen und auch nicht vollkommen gesund sein«, dann wird sich genau das verwirklichen. Sie werden sich bemühen, anstrengen und einen neuen Anlauf nehmen und wieder scheitern. Schließlich haben Sie als Schöpfer das Wort gesprochen: »Man kann nun mal im Leben nicht alles erreichen.« Dann werden Sie resignieren und sagen: »Naja, ich habe es versucht. Manchmal klappt es ja auch. Aber es ist nun mal schwer. Das Leben ist ein Kampf.« Wenn das einer Ihrer Kernglaubenssätze ist, dann werden Sie genau das erleben.

Dann kommt irgend so ein Mensch daher und sagt: »Ich lebe in der Leichtigkeit des Seins. Leben ist doch kein Kampf. Leben ist Freude!« Und Sie denken: »Du wirst auch noch mit der Realität konfrontiert! Wach mal auf aus deinem Traum. Dann wirst du sehen, was Leben wirklich ist.« Aber für den anderen ist der Traum von der Leichtigkeit des Seins schon seit Jahrzehnten Wirklichkeit geworden.

Sie sagen vielleicht: »Ich lebe ja jetzt lang genug, man hat das Leben ja erfahren und weiß ja, wie die Dinge sind.« Aber Sie wissen nicht, dass Sie sie selber geschaffen haben und dass Sie sich zu jeder Zeit aus dem Gefängnis der Gegebenheiten befreien können.

Wir sollten uns die Energie von Worten bewusst machen; so kommen wir zum Heilen durch Worte. Jedes Wort hat eine bestimmte Energie, wir müssen uns zunächst einmal für diese Energie sensibel machen.

Achten Sie in den nächsten Tagen einmal darauf, was die Menschen sagen, wenn sie einen Gruß aussprechen – nicht nur WAS, sondern auch WIE: Jemand sagt: »Grüß Gott!«, ein anderer: »M-o-i-n!« Vergleichen Sie die beiden Energien allein von der Wortwahl her. »Grüß Gott« kann man gar nicht gelangweilt aussprechen, während man bei »M-o-i-n« denkt, es wäre eine Aufforderung zum Weiterschlafen.

Aber prüfen Sie auch die Energie der Worte selbst. Auch hinter einem zackig ausgesprochenen »Grüß Gott!« kann

eine Ablehnung stecken. Energetisch könnte der Gruß hei-
ßen: »*Grüß Gott und verwickeln Sie mich nicht in ein Ge-*
spräch. Ich habe zu tun.« *Jemand anderes sagt:* »*Guten*
Morgen!«, *und die Botschaft heißt energetisch:* »*Hallo, ich*
habe Zeit. Wollen wir ein bisschen plaudern? Wir können
zusammen irgendwo hingehen, oder was hast du vor? Wer
bist du eigentlich?« – *Alles das kann in der Energie eines*
einfachen Grußes stecken. Machen Sie sich in den nächs-
ten Tagen sensibel für die Energie der Worte.

Man kann auch über die Energie von Worten Heilung
hervorrufen.

Ich habe einmal in einem ganz unverfänglichen Therapie-
gespräch erlebt, wie eine junge Frau über einen kalten Som-
mertag sprach. Ich spürte, dass in ihrer Art, wie sie das
Wort »*kalt*« *aussprach, etwas unstimmig war. Auf die*
Frage, was sie bei dem Wort »*kalt*« *empfinde, sagte sie:*
»*Mir wird ganz kalt.*« *Meine nächste Frage war:* »*Woran*
denken Sie, wenn es Ihnen ganz kalt wird?« – »*An meinen*
Onkel«, *brachte sie plötzlich schluchzend hervor.*
Mit der unstimmigen Energie ihres Wortes »*kalt*« *wollte*
sich ein Missbrauchserlebnis Gehör verschaffen. Ich hatte
diese Unstimmigkeit wahrgenommen und ihr so ermög-
licht, ein Lebenstabu erstmals auszusprechen. Damit
konnte ein tiefer Heilungsprozess einsetzen.

Weil es sich um Energie handelt, brauchen wir aber ein
Wort nicht einmal auszusprechen, um die Energie zu
spüren. Treten Sie einmal ein in die Energie von »heilen-

der Zuversicht«. Nehmen Sie irgendeinen Zustand. Es muss keine Krankheit sein, es kann auch ein Mangel in einer Situation oder Beziehung sein, und verbinden Sie diese Vorstellung mit der Energie der heilenden Zuversicht. Dann merken Sie, welche Energie Sie mit Ihrer gar nicht ausgesprochenen heilenden Zuversicht übertragen.

Aber Zuversicht ist noch nicht Gewissheit. Wenn wir Affirmationen benutzen, dann gehen wir sehr sorgfältig mit der Energie der Worte um, die wir wählen. Wie könnten wir denn heilende Zuversicht steigern und zur Gewissheit werden lassen?

Spüren Sie den Unterschied in der Energie der Worte: Zuversicht und Gewissheit. Sie können diese beiden Worte auch erst einmal aussprechen, so lange, bis sie für Sie stimmen. Wenn Sie die Energie der Worte für sich gefunden haben, dann verinnerlichen Sie diese Energie, spüren den Unterschied.

Nun verbinden Sie beide Begriffe: Heilende Zuversicht ist wunderschön, aber geben Sie in diese Energie mehr von der Energie der Gewissheit, mehr: »Ich bin heil.«

So lernen Sie, achtsamer mit Ihren Worten umzugehen. Wenn Sie zum Beispiel jemand um etwas bitten wollen, sollten Sie diese Bitte nie mit den Worten beginnen: »Ich habe ein Attentat auf dich vor!« In was für eine Energie kleiden Sie da die Bitte! Wie soll der andere darauf reagieren? Sie provozieren mit Ihren Worten geradezu eine Ablehnung, eine Verteidigung, ein Abschlagen der Bitte.

Wir müssen also bei heilsamen Worten und Affirma-

tionen genau deren Energie spüren. Jetzt können wir
nämlich heilen durch den Glauben an eine individuelle
Affirmation. Nehmen wir als Beispiel eine Situation in
Ihrem Leben, die Sie heilen möchten, und bringen wir
eine heilsame Affirmation in diese Situation.

*Zunächst einmal heißt es Zielklarheit schaffen. Welche Situ-
ation wählen Sie? Ist es Ihre Gesundheit, Ihr Beruf, Ihre
Partnerschaft, Ihre spirituelle Entwicklung, Ihre Wohnsituation oder Ihre wirtschaftliche Situation? Nehmen Sie
eine Situation Ihres Lebens, die der Heilung bedarf, und
finden Sie einen Satz, der den erwünschten Endzustand
als Affirmation beschreibt.*

*Prüfen wir als Affirmation einmal den Satz: **Ich bin innerlich zufrieden.***

*Sie merken energetisch sofort: Da stimmt etwas nicht. Da
fehlt etwas. Wie ist es denn mit der äußeren Zufriedenheit?
Innerlich sind Sie ganz zufrieden, aber äußerlich? Warum
die Einschränkung auf »innere« Zufriedenheit? Sagt der
Satz nicht aus, dass man in äußerer Unordnung und Unzufriedenheit leben könnte, Hauptsache innerlich ist man
zufrieden? Das stimmt nicht und kann nicht funktionieren. Sie sehen: Die Affirmation ist nicht stimmig. Das ist
keine Energie, die wirklich eine tiefe Zufriedenheit in Ihr
Leben bringt.*

*Formulieren wir die Affirmation neu: **Ich bin Zufriedenheit.***

*Das ist eine sehr machtvolle Affirmation, sie ist energetisch
rund. Doch können wir mit dieser Affirmation wirklich
»zufrieden« sein? Oder hat sie auch einen Nachteil?*

Hinter der Affirmation »Ich bin Zufriedenheit« steckt auch die Aussage: »Ich habe mein Ziel erreicht. Es gibt nichts mehr zu tun, meine Entwicklung ist abgeschlossen. Ich habe, was ich brauche. Macht ihr doch weiter. Ich bin zufrieden, rundum zufrieden.« Aber das meinen Sie vielleicht gar nicht. Sie müssen also prüfen: »Ist es das, was ich sagen will, oder meine ich eigentlich etwas anderes?«

Hinter der Affirmation »Ich bin Zufriedenheit!« verbirgt sich oft eine Unzufriedenheit. Sonst würde Ihnen eine solche Affirmation gar nicht einfallen.

Jetzt kommt der entscheidende Schritt bei der Übung, stimmige Affirmationen zu formulieren: Einmal ist da Ihre faktische Unzufriedenheit – zum anderen ist da Ihre Affirmation: »Ich bin Zufriedenheit.« Da besteht unweigerlich ein Konflikt! Das ist bei jeder Affirmation so. Was glauben Sie stärker? Glauben Sie jetzt mehr an Ihre bisherige Unzufriedenheit oder an die Zufriedenheit, die Sie sich gerade affirmativ ins Bewusstsein nehmen?

Sie müssen sich fragen: Was ist denn die Ursache der Unzufriedenheit und der wirklich gewünschte Zustand? »Ich lebe in Frieden mit mir und meinen Mitmenschen« wäre dann zum Beispiel eine sinnvolle Affirmation oder »Ich bin wunschlos glücklich«, je nachdem, was der wirkliche Grund der Unzufriedenheit ist.

Neben einer stimmigen Affirmation brauchen Sie auch den Glauben. Wenn Sie die Affirmation aussprechen: »Ich bin Zufriedenheit«, aber innerlich nicht daran glauben, dann nützt Ihnen die Affirmation nichts. Hier hilft Ihnen die energetische Achtsamkeit. Energie fließt dorthin, wohin die Aufmerksamkeit sie lenkt. Wenn Ihr Glaube auf die erwünschte Situation gerichtet ist, wie sie die Affirmation zum Ausdruck bringt, dann wandelt sich Ihre gelebte Unzufriedenheit immer mehr in erlebte Zufriedenheit – innerlich und äußerlich.

Wir brauchen immer beide Aspekte – Affirmation und Glaube. Affirmationen können sehr hilfreich sein, Ihre Glaubenserfahrungen zu vermehren und die Macht Ihres Glaubens zu erkennen. Deswegen prüfen Sie bei jeder Affirmation:

- Stimmt das Ziel, das ich mir gesetzt habe?
- Stimmt die Information, die die Affirmation beinhaltet?
- Stimmt die Energie, und ist es wirklich das, was ich will?
- Kann ich daran glauben, dass die Affirmation das Erwünschte bewirkt?
- Ist mein Glaube so fest, dass ich schon dankbar für das Erreichte sein kann?

Heilung durch Stille

Die Mediziner haben schon seit langem erkannt, dass Ruhe eine wichtige Rolle bei der Genesung spielt. Bettruhe beispielsweise wird gewöhnlich bei vielen Erkrankungen verordnet, angefangen von einer ganz normalen Erkältung bis hin zum Herzinfarkt. Je kränker wir sind, desto mehr wird der Arzt darauf drängen, dass wir ruhen.

Aber trotz dieser jahrhundertealten Wertschätzung der Ruhe haben die Mediziner und Psychologen der inneren Stille bis vor kurzem nur wenig Aufmerksamkeit geschenkt. Ich bin davon überzeugt, dass die zeitlose Qualität der Stille so wichtig ist, dass wir sie zu den Grundlagen des Heilerfolgs zählen können.

In unserer westlichen Kultur gibt es viele Gründe, die Stille zu vernachlässigen. Der vielleicht wichtigste Grund ist unser Glaube, dass ein erfolgreicher Mensch dynamisch sein, hart arbeiten, sein Leben in vollen Zügen genießen und den Druck und die Spannung der Schnelllebigkeit unserer modernen Zeit aushalten muss. Viele Menschen halten innere Stille für Antriebsmangel, Trägheit und mangelnde Konkurrenzfähigkeit. Leidenschaft, Freude und alle anderen Emotionen, die das Leben aufregend machen, werden als Widerspruch zur inneren Stille betrachtet.

Diese Voreingenommenheit gegenüber der inneren Stille ist ein großer Fehler. Um zu verstehen, wie die innere Stille die vollkommene Heilung und das Wohlbefinden stärken kann, müssen wir uns etwas näher mit dem Stress beschäftigen. Obwohl der Begriff oft oberflächlich verwendet wird, hat er auch eine genauere wissenschaftliche Bedeutung. Dr. Hans Selye, ein Pionier auf diesem Gebiet, definierte Stress als »unspezifische Reaktion des Organismus auf jede Anforderung, die man an ihn stellt«. Körperliche Veränderung, die mit Stress einhergehen, sind unter anderem Muskelverspannung, beschleunigter Herzschlag und beschleunigte Atmung, Schwitzen und Angst.

Die innere Stille hat tief greifende Auswirkungen auf Körper und Geist. Man erlebt einen Zustand tiefer Ruhe, gekennzeichnet durch eine Verlangsamung des Herzschlags, Verminderung der Sauerstoffaufnahme, Schweißabsonderung und Muskelspannung, Senkung des Blutdrucks und Abnahme der Stresshormone. Darüber hinaus erlangt man einen Zustand verstärkter geistiger Klarheit und emotionalen Wohlbefindens. Während Stress die Vitalität und Widerstandskraft schwächt, werden beide durch Entspannung gestärkt. Die physiologischen Veränderungen, die die Stresswirkungen neutralisieren, beeinflussen auch die psychische Gesundheit. Innere Stille vermindert Angst, Spannung, Nervosität, chronische Erschöpfung und Depression. Die positiven Gefühle, die damit verbunden sind, tragen auffallend zur Persönlichkeitsentwicklung bei. Die Selbstachtung wächst, die Geselligkeit nimmt zu, und Selbstzweifel und Unsicherheit verschwinden.

Innere Stille ist für die Gesundheit von wesentlicher Bedeutung. Phasen der Einsamkeit sind wichtig für die dauerhafte Vitalität eines kreativen und sich selbst verwirklichenden Menschen. Im Heilungsprozess gibt es viele wichtige Faktoren, ich kenne jedoch keinen wichtigeren Aspekt als die Qualität der inneren Stille.

Vielleicht darf ich Ihnen einige Anregungen geben, wie Sie diese Qualität der Stille immer mehr in Ihr Leben aufnehmen können:

Beginnen Sie mit einer Stille-Minute: Wann immer Sie am Tag eine neue Tätigkeit beginnen, halten Sie inne und verharren Sie in einer Stille-Minute. Bevor Sie mit dem Frühstück beginnen, nachdem Sie sich an den Arbeitsplatz gesetzt haben, bevor Sie das Essen machen oder es zu sich nehmen.

Machen Sie es sich zu einem Ritual, sieben Mal am Tag in die Stille-Minute zu gehen. Was sind für Ihren Tagesrhythmus die besten Auszeiten? Klären Sie es bitte jetzt für sich!

Sie werden schon nach kurzer Zeit feststellen, dass dieses tägliche Ritual Sie aus dem Automatismus des Alltags heraushebt und Sie Ihr Leben bewusster und ruhiger führen können.

Sie können diese Stille-Minute immer intensiver nutzen. Am Anfang reicht es völlig, wenn Sie in dieser Stille verharren. Später können Sie in dieser Zeit bewusst auf Ihren Atem achten (ihn beobachten, nicht korrigieren), Ihr Herz spüren, Kontakt mit Ihrem inneren Lächeln aufnehmen, sich an Ihre glücklichsten Momente im Leben erinnern. Auf diese Weise können Sie sich auch für den nächsten Schritt, die Meditation, öffnen.

Beginnen Sie als Nächstes vielleicht morgens damit, zwanzig Minuten in Stille zu meditieren. In dieser Stille werden Sie der inneren Lautstärke Ihrer ständig fließenden Gedanken gewahr werden. Um auch ganz in die innere Stille zu kommen, ist es als Übergang sehr hilfreich, sich dafür ein Wortmantra zu wählen. Das können heilige oder ganz profane Worte sein: Sie können innerlich das Wort »Jesus« immer wieder aufsagen oder auch das Wort »eins«. Wählen Sie das Mantra, das Ihre innere Stille am meisten fördert.

Natürlich können Sie dabei auch das Wort »Stille« selbst wählen. Ein solches Mantra wird den Gedankenfluss nicht gleich abrupt beenden. Auf diese Weise können Sie Ihr inneres Reden immer mehr loslassen und immer wieder zu Ihrem Wort zurückfinden. Sie werden bald erkennen, dass so nicht nur Ihre innere Ruhe verstärkt wird, sondern Sie auch wie selbstverständlich lernen zu meditieren.

Sie können auch an einem Tag in der Woche (am besten natürlich am Sonntag) wirklich und ganz bewusst ruhen. Machen Sie den Sonntag zu Ihrem Stilletag: kein Fernsehen, keine Musik, kein Computer. Lassen Sie alles um sich herum still werden. Sprechen Sie an diesem Tag selbst so wenig wie möglich. Für viele Menschen ist diese Erfahrung eines regelmäßigen Stilletages eine Wende auf dem Weg zur Selbstfindung, Selbstachtung und Selbsterneuerung. An diesem Tag erfahren Sie die Kraft der Stille, ihren erholsamen Wert. Mit der Zeit werden Sie erkennen, dass Meditation keine besondere Technik ist, sondern eine besondere Art zu leben. Jetzt wird Ihr Sonntag ein Leben in Meditation.

Den Stilletag können Sie ausweiten zu einem Stille-Wochenende, einer Stille-Woche. Vielleicht führt Sie diese Erfahrung dazu, einmal eine Zeit lang (zum Beispiel in den Ferien) in einem christlichen oder buddhistischen Kloster zu leben. Oder an einem Retreat in einem Meditationszentrum teilzunehmen.

Schließlich könnten Sie auch bewusst einen Stilleurlaub in der Natur planen, in dem Sie sich ganz aus dem Lärm unserer Zivilisation zurückziehen.

Bald werden Sie Ihr ganzes Leben aus der inneren Stille und inneren Achtsamkeit führen können. Stellen Sie sich diese einzelnen Schritte schon einmal vor, wie diese neue Qualität der Stille Ihr Leben immer mehr bestimmt.

Heilung durch Kontemplation

Kontemplation ist das Versinken in die Einheit mit einem Menschen, mit einer Sache oder einem geistigen Wert.

Wahre Kontemplation setzt Gedankenstille voraus, einen natürlichen Zustand des Geistes von Ruhe, Frieden und Freiheit. Es kann damit beginnen, dass wir uns selbst als den Beobachter sehen. Gelingt das, können wir mit der »Kontemplation des Tuns« beginnen: uns ganz in unser Handeln vertiefen, indem wir unsere volle Aufmerksamkeit auf das richten, was wir gerade tun oder was gerade geschieht, und uns durch absolut nichts ablenken lassen. Wir können uns dabei auch vollkommen in unser Ziel versenken und uns selbst dabei ganz auflösen. Wir sind nicht mehr da, aber unser Selbst ist dadurch noch bewusster.

Ein weiterer Schritt kann sein, sich an der unmittelbaren Erfahrung zu freuen: die Fähigkeit zu entwickeln, auch unangenehme Erfahrungen zu genießen und »unbeeindruckt« zu leben. So wird es möglich, Harmonie in ALLEM zu erfahren.

Es ist ein Zustand der vollkommenen Gelöstheit vom

»Ich«, von dem, der da handelt. Irgendwie gibt es den gar nicht mehr, da ist nur noch Wahrnehmung, aber kein Wahrnehmender mehr. In diesem Zustand und nur dann können wir versinken in die Einheit mit etwas anderem, um zu erkennen, dass es nichts anderes mehr gibt als diese Einheit. Und da es kein »Ich« mehr gibt, ist da nichts, die Leere, die Erfahrung des Nirvana. Es ist eine Rückkehr in die Wirklichkeit hinter aller Erscheinung und das Erkennen: Wirklichkeit ist ALLES, was möglich ist, und nicht nur die eine Möglichkeit, die in Erscheinung tritt. Es gibt nicht mehr das und etwas anderes, sondern nur noch das EINE.

Es ist aber auch das Erleben der Einsamkeit Gottes: »Außer mir gibt es nichts.« So entstand das »Etwas«. Absichtslosigkeit stellt sich ein und die Erkenntnis: Die eine Kraft, GOTT, geht nur gleichberechtigte Partnerschaften ein. Als Jesus sagte: »Ihr sollt vollkommen sein, wie der Vater im Himmel vollkommen ist«, da war das keine Aufforderung, sondern eine Feststellung. Der Weg der Meisterschaft ist die Erkenntnis, dass wir JETZT bereits vollkommen sind.

Was für die Spiritualität des Ostens (Hinduismus, Buddhismus, Taoismus, Sufismus) die Meditation ist, das ist für die christliche Spiritualität und Mystik die Kontemplation. Durch das wachsende Interesse an den östlichen Erkenntniswegen besannen sich Christen wieder verstärkt auf ihre mystischen Traditionen und beleben diese heute erneut. Kontemplation (*Via contemplativa*) ist ein christlicher Weg zur Gotteserfahrung auf den

Spuren abendländischer Mystikerinnen und Mystiker. Hier sind insbesondere Meister Eckehart, Johannes vom Kreuz, Theresa von Avila und Hildegard von Bingen zu nennen. So können wir im Westen an die Wurzeln der eigenen Spiritualität anknüpfen und müssen sie nicht aus dem Osten als Denkweise importieren, die vielen Christen fremd ist.

Einer der Autoren, die den mystischen Weg zu Gott nach der Lehre Meister Eckeharts für die heutige Zeit nutzbar gemacht haben, war K. O. Schmidt, dem ich für meinen eigenen geistigen Weg viel zu verdanken habe. In seinem »Brevier praktischer Mystik« unter dem Titel *Meister Eckeharts Weg zum kosmischen Bewusstsein* schreibt er:

Eckehart führt uns zum lebendigen Gott in uns, der unmittelbar erfahrbar ist, also keiner äußeren Beweise bedarf, und zu der befreienden Einsicht, dass wir mehr *sind als Mensch: Verhüllungen Gottes, werdende Götter, Mensch und Gott zugleich. Im Grunde unserer Seele lebt etwas, das unmittelbar aus Gott kommt und uns mit dem Herzen des Alls verbindet.*

Wäre dieser All- und Gottes-Sinn unserer Seele nicht, so wüssten wir nichts von Gott, gleichwie kein Auge wäre, wäre das Licht nicht. Da wir aber »von gleicher Substanz sind wie Gott«, vermögen wir Seiner inne und mit Ihm eins zu werden. (S. 35)

Wenn wir unser inneres SELBST finden, so haben wir GOTT und alles gefunden, letztlich auch die Heilung von jeder Krankheit, allem Bösen, jeder Unwahrheit. Das ist die Botschaft der Kontemplation.

K. O. Schmidt fasst den von Meister Eckehart gelehrten Weg zur unmittelbaren Gotteserfahrung, den Weg der Kontemplation, in zehn Schritten zusammen:

> *Der Weg zum kosmischen Bewusstsein, den Eckehart uns führt, umfasst eine zehnstufige Folge immer höherer Reifestadien der Seele, wobei die einzelnen Stadien unmerklich ineinander übergehen, aber an den Weisungen Eckeharts deutlich als Stufen des Weges erkennbar bleiben.*
> *Folgende Stufen sind es, die der Suchende nacheinander durchschreitet: rechte Lebenseinstellung, rechte Verinnerlichung, rechte Sammlung, rechte Betrachtung, rechte Versenkung. – Diese fünf Stufen bilden den Weg zur* inneren Einheit. – *Rechte Hingabe, rechte Erleuchtung, rechte Gottschau, rechte Einswerdung, rechte Gottes-Unmittelbarkeit. – Diese fünf Stufen bilden den Weg zur* All-Einheit. (S. 45)

Wenn alles GOTT ist, was sollte dann unvollkommen sein? Selbst in der Krankheit liegt etwas Vollkommenes. Jedes scheinbar noch so Unvollkommene birgt in seinem Wesen die Vollkommenheit. Diese Vollkommenheit zu erkennen und zu gewahren, ist das Heilen durch Kontemplation. In seinem Buch *Die Vollkommenheitslehre* schreibt Ernest Holmes:

*GOTT ist eine unsichtbare Gegenwart und eine ebenso un-
mittelbare Erfahrung in meinem Geist und meiner Seele,
und ich bin mir dieser absoluten Gegenwart bewusst, dieser göttlichen Weisheit, dieser ewigen Alleinheit. Jetzt erkenne ich, dass das Prinzip des Lebens in mir und um mich
herum ist und durch mich arbeitet, dass es keinerlei Bedürfnisse hat, keine Furcht und Zweifel, keine Begrenzungen und Einschränkungen. Es ist das in mir, das mich zu
Reichtum, Erfolg, Harmonie, Liebe, Schönheit und Freund-
schaft führt, und zwar auf dem Weg des Friedens, der Freude
und Gewissheit. Ich lasse dieses Göttliche in mir – was auch
immer für eine Methode es wählen mag – meine vollkommene Gesundheit wiederherstellen, zugleich einen Zustand
des Glücks und der Harmonie; und ich lasse es alles Gute,
Vollkommene, Wahre und Erfolgreiche in den Bereich meiner Erfahrung hereinbringen.*

Heilung durch Gebet und Meditation

Meister Eckehart sagte: »Im Gebet spreche ich zu Gott,
in der Meditation spricht Gott zu mir.«

Meditation ist Sammlung von Körper, Seele und Geist
an *einem* Punkt, also Herstellung der Einheit in uns
selbst, denn nur so ist die Einheit mit dem Schöpfer und
damit mit dem Leben zu erreichen.

Wenn wir Buddhas Gebot der Achtsamkeit befolgen,
dann wird das ganze Leben zur Meditation. Er sagte:
»Bemüht euch um Achtsamkeit, es ist der gerade Weg

zur Erlösung.« Das heißt nichts anderes, als achtsam unseren Gedanken, unserem Körper, unseren Mitmenschen sowie allem Sein und Tun zu begegnen und alles, was wir tun, ganz zu tun.

Achtsamkeit ist Meditation, und Meditation ist Achtsamkeit. Wenn Meditation so verstanden wird, dann wird sie auch zu etwas Künstlichem, zu einer selbst auferlegten Pflicht. Ebenso wenig ist sie ein Geheimpfad, der nur Eingeweihten offen ist und dazu dient, besondere Erkenntnisse zu erlangen oder besondere Erlebnisse zu haben. Meditation ist Einswerden mit der Harmonie der Schöpfung. Dieses Einswerden und Einssein schließt natürlich die Gesundheit mit ein.

Meditation ist ein Sein. Je mehr hierbei getan wird, desto weniger wird bewirkt. Meditation ist das Schweigen der Sinne, der Gedanken, des Gefühls und des Willens. Meditation ist bewusstes Erleben der Einheit.

Heilen kann nur die eine Kraft, und Heilung durch das Gebet ist der direkteste Weg, um mit dieser Kraft zu wirken. Dabei wird die Form der Hilfe nicht von der Form des Gebetes, sondern ausschließlich von den wirklichen Bedürfnissen des Heilungssuchenden bestimmt, die auch den Zeitpunkt der Manifestation der Hilfe bestimmen.

Oft ist dem Heilungssuchenden gar nicht bewusst, was geschehen ist, aber eine Wirkung erfolgt immer sofort. Außerdem kann aus dieser Form der Hilfeleistung niemals ein Nachteil für den Heilungssuchenden entstehen, und zwar auf keiner Ebene des Seins.

Wenn wir einen defekten Fernseher haben, dann rufen wir den Händler an, mit Zahnschmerzen wenden wir uns an den Zahnarzt, und wenn wir eine besonders schwierige Reparatur haben, wenden wir uns an den Hersteller, weil der sein Produkt am besten kennt. Warum sollten wir das nicht genauso machen, wenn wir Gesundheitsprobleme haben?

Denn Gott will ja nicht, dass wir krank sind. Er hat uns die Krankheit auch nicht als Prüfung geschickt, sondern er will, dass wir gesund und glücklich sind und in der Fülle leben. Er hat uns auch die Vollkommenheit in jeder Beziehung als unverzichtbares geistiges Erbe mitgegeben.

Nun gibt es Menschen, die sich für unwürdig halten, sich mit ihren Schwierigkeiten direkt an Gott zu wenden, aber Gott ist die Liebe, und wir sind ihm immer gut genug, er verlässt uns niemals, nur wir trennen uns von ihm.

Eine Bitte um Heilung sollte keineswegs verbunden sein mit einer Ablehnung von Ärzten, Medikamenten oder Therapien. Gott bewirkt Heilung auf vielen Wegen, und es wäre schön, wenn alle, die sich um Heilung bemühen, zusammenarbeiten würden, damit dem Heilungsuchenden in jeder nur denkbaren Form geholfen wird.

Eine junge Dame erzählte mir, dass sie seit langem unerklärbare Koliken bekäme und mehrere Kliniken die Ursache nicht finden konnten. Auch ihr Hausarzt konnte im akuten Anfall nur die Schmerzen lindern. So fand sie in ihrer

Verzweiflung den Weg zum Gebet. Einige Stunden, nachdem sie um Heilung gebetet hatte, bekam sie wieder einen schweren Anfall. Der Hausarzt war nicht erreichbar, und so musste sie den Notarzt rufen. Er erkannte, dass es sich um eine seltene Virusinfektion handelte, weil er seine Dissertation über das Thema geschrieben hatte, und mit dieser klaren Diagnose konnte sie geheilt werden.

Auch dieser unglaubliche »Zufall« war für sie eine Heilung durch Gebet. Wir müssen einfach offen dafür sein, wie Gott (oder das Leben, wenn es Ihnen lieber ist) das Gebet erhört.

Ein anderes Beispiel: Vor einiger Zeit kam eine Frau zu mir mit der Bitte, um Harmonie in ihrer Ehe zu beten. Wir haben das gleich gemeinsam getan, und ich spüre noch die starke Schwingung der Liebe, die uns im Gebet verband. Kurze Zeit darauf rief sie mich ganz aufgeregt an und erzählte mir, dass sie Brustkrebs hatte, was sie bei ihrem Besuch aber gar nicht erwähnt hatte, und dass die nächste Untersuchung nach dem gemeinsamen Gebet ergab, dass die Geschwulst völlig verschwunden war. Sie war vollkommen geheilt, obwohl sie darum gar nicht gebetet hatte.

Der bekannte amerikanische Psychologe Dr. William Parker hat das Gebet zu seiner Therapie gemacht. Ob es sich um Arthritis, Asthma, Heuschnupfen, multiple Sklerose oder Tuberkulose handelt, er betet mit seinen Patienten und verordnet ihnen, regelmäßig vor dem Einschlafen zu beten.

Die Wirkung des Gebets

Wir sollten in einem Gebet nicht um Gesundung beten, sondern die Vollkommenheit und das Heilsein an Körper, Seele und Geist bejahen, bis sie zur inneren Gewissheit geworden sind.

Viele Menschen glauben, man könne nur einmal um Heilung beten, weil eine Wiederholung ja schon ein Zeichen von Zweifel sei. Aber wenn wir in weiteren Gebeten die Heilung dankbar bejahen, enthält das nicht den geringsten Zweifel, sondern führt durch die erneute Bewusstwerdung des Heilseins eine Änderung im Bewusstsein und damit auch eine beschleunigte Änderung in den äußeren Umständen herbei. Wären wir ein vollkommener Kanal, brauchten wir keine Wiederholung. So aber wird Kraft so lange fließen, bis die Harmonie wiederhergestellt ist.

Das Nicht-Glauben-Können kann allerdings eine Barriere sein, wobei wir nicht vergessen sollten, dass sich diese nur in unserem Bewusstsein befindet, also kein wirkliches Hindernis vorhanden ist und nur wir selbst diese Barriere beseitigen können.

Im Wesentlichen gibt es vier falsche Vorstellungen der Mythen in Bezug auf Heilung:

- Heilen könne nur der Arzt.
- Heilung durch Gebet komme zwar vor, sei aber selten.
- Heilung durch Gebet sei ganz normal, aber nicht jeder werde geheilt.

• Heilung durch Gebet könne nur dann geschehen, wenn man daran glaube.

Der Glaube ist zwar eine wichtige Voraussetzung für die Heilung, und doch ist schon so mancher Ungläubige geheilt worden. Das Gebet sollte die Krankheit gar nicht erwähnen, sondern nur die vollkommene Gesundheit oder Vollkommenheit in jeder Beziehung bejahen.

Beten hilft Kranken

Wer für einen Kranken betet, hilft ihm tatsächlich.

Dies fand der amerikanische Arzt Dr. Randy Byrd bei einer Untersuchung heraus, an der 393 herzkranke Patienten in San Francisco teilnahmen. Alle waren in Bezug auf ihr Alter und die Schwere ihres Leidens vergleichbar. Den Patienten wurde gesagt, sie nähmen an einem Experiment teil, in dem für einen Teil der Gesamtgruppe gebetet würde, für den anderen jedoch nicht. Keiner wusste, zu welcher Gruppe er gehörte. Freiwillige wurden angehalten, für die »wohltuende Heilung und schnelle Genesung« bestimmter Patienten zu beten. Nach zehn Monaten stellte Dr. Byrd fest, dass die 192 Patienten, für die gebetet worden war, in folgenden Bereichen weniger Komplikationen erfahren hatten: Nur drei brauchten Antibiotika im Vergleich zu 16 in der Kontrollgruppe. Nur sechs Teilnehmer der Gruppe, für die gebetet worden war, litten unter Lungenödemen, dagegen jedoch 18 in der ohne Fürbitte. Keiner der Experimentalpatienten benötigte Atmungsschläuche, was bei zwölf Patienten der Kontrollgruppe notwendig wurde.

Heilen durch Vertrauen

Eine der wichtigsten Selbstheilungskräfte ist das Vertrauen ins Leben, die Gewissheit, dass das Leben es gut mit uns meint.

Stellen Sie sich einmal vor, Sie verlieren Ihr ganzes Vermögen: Ihr Häuschen, Ihre Lebensversicherung, Ihre Rente, alles weg. Sie sind bei null. Schlimmer noch: Sie haben 10 000 Euro Schulden. Sie haben nichts mehr, nur sich selbst. (Sie glauben nicht, wie vielen Menschen es so geht!)

Ich habe als junger Mann zweimal freiwillig diese Erfahrung gemacht (und noch ein drittes Mal unfreiwillig). Ich habe meine Zahnbürste genommen und hundert Mark geliehen, bin in eine fremde Stadt gegangen und habe mich dem Leben anvertraut. In beiden Fällen habe ich erlebt, dass ich diese hundert Mark nicht einmal gebraucht habe. Als ich beim ersten Mal in der fremden Stadt ankam, wurde es gerade dunkel. Ich hatte nicht mehr viel Zeit. Zwei Stunden später hatte ich ein Zuhause, ein Bett, Bratkartoffeln mit Spiegelei und die Aussicht auf einen Job. Alles hatte sich gefügt.

Damals habe ich das »hangeln« genannt. Ich habe einfach irgendwo angefangen, bin in einen kleinen Laden gegangen und habe dort gefragt: »Wo kann ich hier eine Wohnung, ein Zimmer finden?« »Wann brauchen Sie's denn?« – »Jetzt, heute Abend.« – »Das können Sie vergessen. Die Leute wohnen hier alle seit zwanzig Jahren. Nee, da ist nichts frei. Ich weiß das, ich wohne hier.« – »Wen könnte ich fragen?« – »Wo soll ich Sie hinschicken? Vielleicht da drüben. Die Frau hat vor zwei Jahren ihren Mann verloren. Sie hat eine große Wohnung, aber die vermietet bestimmt nicht.«

Also bin ich dort hingegangen. Die Dame hat tatsächlich nicht vermietet, auch nicht für eine Nacht. Aber als ich hartnäckig blieb, sagte sie: »Fragen Sie mal im Nachbarhaus im dritten Stock. Die Leute haben bei einem Unglück vor einem halben Jahr ihren einzigen Sohn verloren. Aber die vermieten nicht.« – Ich klingelte dort. Ein gramgebeugter Mann kam an die Tür, und ich sagte: »Ich suche eine Wohnung.« Er sagte: »Da kann ich Ihnen nicht helfen.« Ich blieb dran, aber er war so gefangen in seinem Leid, dass er kaum zuhörte. Hinter ihm stand seine Frau. Sie schaute ihm über die Schulter, sah mich an. Als ich gerade aufgeben wollte, um mich woanders zu erkundigen, sagte sie: »Kommen Sie doch einmal rein!« Eine halbe Stunde später war ich der verlorene Sohn – und seine Kleider passten mir. Ich hatte seine Schuhgröße. Ich wohnte in seinem Zimmer, und Mutter macht mir die Bratkartoffeln, die sie ihrem Sohn nicht mehr machen konnte, und alle waren sehr zufrieden.

Beim Essen sagte mir der Mann: »Ich kenne da den Perso-

nalchef von der und der Firma. Bestellen Sie ihm einen schönen Gruß von mir, und er soll sich mal ein bisschen Mühe geben, was für Sie zu finden. Am nächsten Morgen hatte ich auch einen neuen Job und immer noch die hundert Mark in der Tasche.

Das ist einfach ein Beispiel, wie Leben funktioniert, wenn man ihm vertraut. Alles, was Sie sich in den Kopf gesetzt haben, können Sie mit einem solchen Lebensvertrauen erreichen, ganz gleich was geschieht.

Wie das Leben das macht, ist völlig gleich. Ich weiß eines: Wenn ich glaube und die feste Überzeugung habe, dass ein Wunder geschieht, dann kann das Leben nicht nein sagen. Das Leben muss meine Überzeugung als Realität hervorbringen. Allerdings funktioniert das auch negativ! Wenn ich glaube, dass die anderen mich »runterziehen«, dann erschaffe ich mir diese Realität und erfahre und sehe: So ist es.

Jeder schafft sich selbst seine Realität, und Sie können jetzt die Konsequenzen daraus ziehen: Sie können selbst Ihre Heilung, die Heilung Ihres ganzen Lebens verursachen. Wie gehen Sie nach dem Lesen dieses Buches als dieses Bewusstsein an Ihren Platz zurück? In Ihre Wohnung? An Ihre Arbeitsstelle? Zu Ihrem Partner?

Dort werden Sie mit dem konfrontiert, was Sie Ihren Alltag nennen, Ihre Lebensumstände. Jetzt kommt es auf Ihre Überzeugung an. Wenn Sie der Überzeugung sind, dass Sie in Ihr altes Leben zurückkehren, dann wird genau das geschehen. Wenn Sie der Überzeugung sind, dass sich alles verändern muss, weil Sie sich verändert haben, dann muss sich alles verändern. Dann beginnt ein ganz neues Leben mit ein paar vertrauten Gesichtern. Sie haben noch das gleiche Auto, den gleichen Arbeitsplatz, den gleichen Partner, die gleiche Wohnung, aber Sie sind nicht mehr der Gleiche. Nach dem Gesetz der Resonanz ziehen Sie damit etwas anderes an, als Sie vorher angezogen haben. Das heißt, Ihr bisheriges Karma kann Sie nicht mehr erreichen, weil es nicht mehr zu Ihnen passt. Sie haben sich verändert. Sie haben die Chance genau wie ich damals, ein neues Leben zu beginnen. Sie gehen an Ihren Platz, und es beginnt ein ganz neues Leben, denn Sie sind jetzt in völligem Einklang mit sich. Sie haben Ihre Mitte gefunden und ruhen in sich. In diesem Bewusstsein kehren Sie an Ihren Platz im Leben zurück. Indem Sie unerschütterlich in diesem Bewusstsein bleiben, zwingen Sie die Umstände, sich zu verändern.

Sie haben jetzt Vertrauen ins Leben und wissen: Ganz gleich, wie die Realität sich im Moment darstellt, wenn ich ich SELBST bin, muss die Realität sich anpassen.

Heilen durch Segnen

Ein anderer Weg, der immer wieder vergessen wird, ist der des Heilens durch Segnen. Wir sind uns der Macht des Segnens nicht bewusst. Ein Segen, der in die Welt gesandt wird, ist die reinste und feinste Form von Gedankenenergie und bewegt die stärkste Kraft des Universums, die göttliche Liebe. Diese unendliche Kraft der Liebe ist da und wartet nur darauf, von einem Schöpfer in Tätigkeit gesetzt zu werden. Das Gesetz des Segnens lautet:

1. Was immer wir ehrlichen Herzens segnen, ist im gleichen Augenblick gesegnet. Die Macht des Segens beginnt sofort segenreich zu wirken.
2. Was immer wir ehrlichen Herzens segnen, muss uns zum Segen werden. Segnen wir einen »Feind«, gewinnen wir einen Freund.

Die Form des Segnens ist unbedeutend. Sie können den Segen sprechen, können ihn denken oder fühlen. Was zählt, ist nur die »Ehrlichkeit des Herzens«. Sie können Segen auch einfach »geschehen lassen« oder ihn als Licht imaginieren.

Alles, was ist, können Sie segnen. So können Sie von nun an jeden Menschen segnen, der Ihnen begegnet, und so jedem zum Segen werden. Sie können gleich damit beginnen und den segnen, den Sie am wenigsten mögen.

Sie können aber auch jedes Ding und jede Situation segnen. So segnen Sie Ihren Körper, und wenn Ihnen ein Teil des Körpers Schwierigkeiten macht, dann segnen Sie diesen Teil oder das Organ, aber niemals die Krankheit. Sie können Ihren Beruf segnen, Ihr Haus und ganz besonders Ihre Familie. Sie können Ihr Auto segnen oder Ihr letztes Geld. Sie können Freund und Feind, Stadt und Land segnen, alles was Ihr Leben ausmacht, und alles wird Ihnen zum Segen werden.

Sie können Gott segnen, also Ihr wahres Selbst, und so wird Gott Ihnen ständig zum Segen. Sie können von nun an ein »gesegnetes Leben« leben und jedem, der Ihnen begegnet, und allem, was ist, zum Segen werden.

Sie können erkennen: Wir haben das Paradies nie verlassen. Das richtige Bewusstsein lässt uns im Himmel leben, gleich HIER und JETZT!

Also könnten Sie nur noch Gesegnetes essen und trinken. Das heißt, Sie verändern energetisch die Molekularstruktur dessen, was Sie essen und trinken. Das kann außen aussehen wie Schweinebraten und Coca-Cola, energetisch ist es nach dem Segnen etwas Gesegnetes.

Jetzt können Sie natürlich sagen: »Oh, dann esse ich doch, was ich will und was mir schmeckt. Ich segne es, und damit ist das Thema gesunde Ernährung erledigt. Dann tut es mir gut.« Das könnten Sie, wenn Sie dieses Essen wirklich segnen können. Denn der Vorbehalt war: alles, was wir *ehrlichen Herzens* segnen. Sie können sich also dabei nicht selber betrügen. So funktioniert Segnen nicht. Aber wenn Sie etwas ehrlichen Herzens segnen können, dann ist es im selben Augenblick gesegnet.

Probieren Sie es doch gleich mal aus. Was geschieht, wenn Sie sich selbst segnen? Prüfen Sie, ob Sie sich ehrlichen Herzens segnen können.

Segnen Sie die verschiedenen Aspekte von sich selbst. Segnen Sie Ihren Körper, Ihr Gemüt, Ihren Verstand. Segnen

Sie Ihr Herz, Ihr Gehirn, Ihre Leber, Ihre Nieren, Ihren Bauch. Segnen Sie Ihre Hände und Füße. Segnen Sie Ihre Vergangenheit und Ihre Zukunft. Nichts ist so groß oder so gering, dass wir es nicht segnen können! Achten Sie darauf, was geschieht, wenn Sie die einzelnen Aspekte von sich segnen, und bleiben Sie so lange bei jedem Aspekt, bis Sie spüren: Jetzt ist der Segen geschehen. So verändern Sie Ihr ganzes Leben dramatisch und heilen es durch Segnen.

Heilen durch den Tod

Eine der größten Herausforderungen des Lebens ist es, mit der Tatsache des endlichen Lebens im Körper zurechtzukommen. Wir wollen hier nicht darüber reden, ob die Menschen eines Tages in der Lage sein werden, sich einen alterslosen Körper zu erschaffen und auch in ihrem Körper ewig zu leben. Vielleicht wird das eher ein Alptraum als ein Segen sein.

Ich werde häufig gefragt: »Gibt es ein Leben nach dem Tod?« Meine Antwort darauf ist immer: »Sorgen Sie lieber dafür, dass es ein Leben *vor dem Tod* gegeben hat!«

Die Energien, die sich im Körper manifestieren (»verkörpern«), sind niedrige Energien. Diese niedrigeren Energien lösen sich vom Körper, wenn sie verbraucht sind und der leibliche Körper keine ihn belebenden Energien mehr in sich trägt. Unsere höheren Energien, unsere Seele lebt dagegen ewig. Wer ein klares Bewusstsein hat, weiß das, ohne dass er dafür wissenschaftliche Beweise braucht. Je weniger unser Verstand, unser Ego mit diesen höheren Energien, mit der Seele und dem Bewusstsein, verbunden ist, desto mehr Angst haben wir vor dem Tod, denn mit dem Körper wird auch das Ego sterben. Je mehr wir aber aus unserer Seele leben, desto eher erkennen wir auch den Tod als einen Segen. Wir legen einen alt gewordenen Körper ab – wie wir ein altes Kleid ablegen und ein neues anziehen.

Jeder Tod ist eine Heilung, macht uns auf höherer Ebene wieder heil. Doch das Paradox des Todes ist: Je mehr wir uns mit dem Tod versöhnen können, desto friedvoller, länger und angstfreier können wir leben.

Prüfen Sie einmal, wie Sie dem eigenen Tod entgegensehen:

Stellen Sie sich vor, Sie stehen vor der Wahl, heute zu sterben. Zum Beispiel jetzt gleich. Oder heute Abend? Oder lieber klammheimlich heute Nacht, wenn Sie schlafen? Die wichtigste Frage ist: Sind Sie bereit? Können Sie gehen, wie ein Schauspieler, der seine Rolle gespielt hat und auf der Bühne überflüssig ist? Wenn Sie den letzten Satz gesagt haben in Ihrem Spiel des Lebens, dann können Sie nicht länger bleiben, auch wenn Ihr Partner oder Ihre Partnerin sagt: »Du darfst mich nicht verlassen, ohne dich kann ich nicht leben, ich brauche dich.« Dann müssen Sie dem anderen den letzten Liebesdienst erweisen und ihn allein lassen. Dann müssen die andern lernen, selbst zurechtzukommen.

Das Wesentliche ist: Sie sind sich selbst begegnet. Sie sind
zu sich selbst erwacht. Sie sind zu Bewusstsein gekommen.
Sie haben erkannt, dass Sie ewig sind. Sie waren immer, Sie
sind von Anfang an dabei, und es wird Sie immer geben.
Es wird nie eine Zeit geben, wo es Sie nicht gibt. Alles, was
Sie Ihr Vermögen nennen, Ihren Besitz, sind Spielsachen,
die Sie hier vorgefunden haben. Wenn Sie diesen Körper
verlassen, lassen Sie alle Spielsachen hier. Dann kommt
alles wieder in die Kiste für die anderen, die damit spielen.
Sie sind nackt gekommen, und Sie werden nackt gehen.

Heute weiß ich, dass selbst der Tod eine Form des Heilens sein kann. Wenn Patienten, deren Körper müde
und ausgelaugt ist, im Frieden mit sich selbst und den
von ihnen geliebten Menschen leben, dann können sie
den Tod als ihre nächste Therapie wählen. Sie haben
keine Schmerzen, weil es in ihrem Leben keine Konflikte gibt. Sie haben Frieden geschlossen und fühlen sich
wohl. Oft findet zu diesem Zeitpunkt ein kleines Wunder statt, und sie leben noch eine Weile weiter, weil so
viel Frieden herrscht, dass noch einmal ein Heilprozess
einsetzt. Aber wenn sie dann sterben, ist es ihr eigener
Entschluss. Sie verlassen ihren Körper, weil sie ihn nicht
mehr benötigen, um zu leben.

Mein eigener Vater erzählte mir von seinem Großva-
ter, der im Alter von 91 Jahren sagte: »Holt meine Freunde und bringt mir eine Flasche Schnaps. Ich werde heute Nacht sterben.« Um ihm eine Freude zu machen, folg-
te die Familie seiner Bitte. An jenem Abend ging er nach
der Party in sein Zimmer, legte sich ins Bett und starb.

Ich möchte Ihnen eine alte Geschichte erzählen, damit Sie verstehen, was ich meine:

Ein krebskranker Mann erfährt von seinem Arzt, dass er nur noch eine Stunde zu leben hat. Er läuft zum Fenster, sieht hinauf in den Himmel und sagt: »*Lieber Gott, rette mich.*« *Und aus dem blauen Himmel heraus ertönt diese wunderbar melodische Stimme und sagt:* »*Mach dir keine Sorgen, mein Sohn. Ich werde dich retten.*«
Der Mann legt sich wieder in sein Bett und ist zuversichtlich. Sein Arzt ruft ihn an und sagt: »*Wenn ich Sie innerhalb der nächsten Stunde operiere, kann ich Sie retten.*« – »*Nein, danke, nicht nötig*«*, erwidert der Mann.* »*Gott wird mich retten.*« *Dann erklären ihm ein Onkologe, ein Strahlentherapeut und ein Ernährungstherapeut:* »*Wir können Sie retten!*« – »*Nicht nötig. Gott wird mich retten!*« *Das ist alles, was er ihnen sagt.*
Nach einer Stunde stirbt der Mann. Als er in den Himmel kommt, geht er zu Gott und ist ganz empört: »*Was ist passiert? Du hast gesagt, du würdest mich retten, und jetzt bin ich doch gestorben!*«
Die Antwort Gottes: »*Du Dummkopf. Ich habe dir zu deiner Rettung einen Chirurgen, einen Onkologen, einen Strahlentherapeuten und einen Ernährungstherapeuten geschickt.*«

Wenn sich der Patient dafür entscheidet, hat auch der »Mechaniker« seine therapeutische Funktion. Er kann Gottes Geschenk und sein Werkzeug sein.

Eine andere Geschichte, die ich selbst erlebt habe:

Ein alter Herr war die Treppe hinuntergefallen und lag im Koma, als man ihn ins Krankenhaus brachte. Er war mit seiner Frau seit über 60 Jahren verheiratet. Am darauf folgenden Tag erlitt sie einen Herzanfall und kam in medizinische Pflege. Er lag im Koma, sie war an einen Beatmungsapparat angeschlossen, und sie lagen im selben Krankenhaus auf verschiedenen Etagen. Ich schlug den Krankenhausärzten vor, jeden der beiden über den Zustand des anderen zu informieren, da sie ja selbst nicht miteinander reden konnten. Ich sagte: »Wenn einer von beiden stirbt, sollte der andere wissen, was geschehen ist.« Aber die Ärzte hielten es für eine dumme Idee, daher ging ich zu den beiden und flüsterte ihnen ins Ohr, wie es um den anderen stand.

Am nächsten Tag kam ich ins Krankenhaus, und der Arzt sagte: »Wissen Sie, was passiert ist?« »Nein. Was denn?« Er sagte: »Der alte Herr ist gestorben und ich rief in der Station an, auf der seine Frau liegt, um dort Bescheid zu geben. Der Arzt dort sagte: ›Merkwürdig. Gerade wollte ich Sie anrufen. Vor fünf Minuten ist seine Frau gestorben.‹«

Was für ein Gentleman! Der alte Herr holte seine Frau ab, und dann gingen sie zusammen fort.

Wenn jemand Frieden mit sich selbst und anderen gefunden hat, dann ist das Sterben sein gutes Recht, dann kann der Patient »sich entspannen und es genießen«, wie es eine meiner Patientinnen ausdrückte. Aber paradoxerweise kann dieses Akzeptieren auch Heilung bringen.

Wir sollten lernen, den Tod als Krönung des Lebens zu sehen, als Ende eines Lebensabschnittes und Beginn eines neuen. Irgendwann müssen wir alle dieses Leben in Frieden loslassen können. Der Tod ist immer eine letzte Heilung.

12. Von der Selbst-Vergessenheit zur Selbst-Identifikation

*Alles Fernsein und Fremdsein der Wesen unterei-
nander und gegenüber Gott ist wider Gott. Denn
Gott lockt und zieht alles zur Einheit und Gemein-
samkeit. Und im Grunde trachten alle Geschöpfe,
auch die geringsten Kreaturen, nach Gemeinsam-
keit, nach Einheit, die im letzten Einssein mit dem
Einen ist.*

Meister Eckehart

Die eigentliche Krankheit in allen Bereichen des Lebens
ist die Egozentrik, das Verhaftetsein am kleinen Ich, seiner Rechthaberei, seinen Ängsten, seiner Gier, seiner
existenziellen Isolation, seiner Unfähigkeit, sich dem
Leben vertrauensvoll hinzugeben. Ein anderes Wort
für »Egozentrik«, »Egoismus« oder »Egomanie« ist die
Selbst-Vergessenheit. Wir leben nicht aus unserem wahren Wesen heraus, sondern auch einem falschen Selbst.
Nachhaltige Heilung ist die Rückkehr von der Selbst-
Vergessenheit zur Selbst-Identifikation, vom falschen
zum wahren Selbst.

Diesen Gedanken möchte ich hier noch etwas vertiefen. Selbst-Vergessenheit ist ein zentraler Mechanismus
der Schöpfung. Jeder »Erwachte« (»Buddha« heißt »der
Erwachte«) erwacht aus einer Jahrmilliarden alten Selbst-

Vergessenheit der Schöpfung, der Evolution. Wir sind gerade dabei, als Menschheit zu erwachen. Krankheit ist auch als ein Aufrütteln des Patienten zu verstehen: Jetzt erwache endlich! Werde dir deines SELBST bewusst und LEBE!

In allen Kulturen und allen Heiligen Schriften wird immer wieder darauf hingewiesen, dass wir vollkommen sind. In der Bibel heißt es zum Beispiel: »Ihr sollt vollkommen sein, wie der Vater im Himmel vollkommen ist.« Dort steht nicht: »Ihr sollt vollkommen *werden*«, sondern: »Ihr sollt vollkommen *sein*.« Wenn das unser Seinsauftrag ist, dann fangen Sie hier und jetzt an, vollkommen zu sein. Das heißt nichts anderes, als sich zu erinnern, dass Sie die Vollkommenheit nicht verloren haben. Sie haben sie nur vergessen. Sie waren nur in das Kleid der Persönlichkeit geschlüpft und glaubten, ein Ich zu sein mit all dessen Eigenschaften, Vor- und Nachteilen, Zielen, Wünschen und Hoffnungen. Das war nur Ihr Kleid. Wir sind hier, uns an den zu erinnern, der dieses Kleid trägt. Das ist Ihr Wesen, Ihr wahres Selbst.

Von Gustav Meyrink stammt das Zitat: »Die Menschen wissen nicht, dass sie schlafende Götter sind.« Auch das weist wieder auf unsere Wirklichkeit hin. Dann kann es nur das Ziel eines jeden Lebens sein: aufzuwachen als Gott. Kein schlafender Gott mehr zu sein, sondern ein erwachter Gott – und auf dem Weg dorthin ein erwachender Gott. Leben Sie also im Bewusstsein eines erwachenden Gottes, einer erwachenden Göttin. Sie sind ein Gott, der gerade dabei ist, zu Bewusstsein zu kommen. Denn wir sind, wie es an anderer Stelle der

Bibel heißt, geschaffen nach dem Ebenbild Gottes. Ebenbild heißt: nicht so ähnlich, ungefähr so, sondern vollkommen identisch. Wir sind ein Ebenbild Gottes, leben aber nicht als sein Ebenbild. Doch das ist unser Seinsauftrag: wieder zurückzukehren in diese Wirklichkeit, wieder zu leben als der, als der wir geschaffen sind.

Jesus hat zu den Jüngern und Menschen gesagt: »Ihr werdet Gleiches tun wie ich und Größeres.« Das ist unser Auftrag. Das kann nur ein erwachter Gott tun, nicht ein Mensch. Ein Mensch kann nicht Gleiches und Größeres tun wie Jesus oder ein anderer Großer der Menschheitsgeschichte. Das kann kein Ich, keine Persönlichkeit, kein noch so brillanter Verstand. Das kann nur das Selbst, das zu sich selbst erwacht. Das ist die Voraussetzung für vollkommene Heilung. Diese göttliche Eigenschaft in uns will nur aus-gebildet werden, nur zum Ausdruck kommen. Sie kommt zum Ausdruck durch Erinnerung: indem wir uns wieder erkennen.

Was Sie heilen, ist die Illusion des Ich, die Krankheit des Ich. Die Wirklichkeit ist heil. Nun sagen Sie vielleicht: »Das hört sich gut an. In Wirklichkeit bin ich also heil, aber ich spüre doch, wie mir mein Knie wehtut oder wie ich da und da Schmerzen habe oder mich nicht richtig bewegen kann.« Das aber ist nur ein Spiegelbild Ihres Bewusstseins, einer Begrenzung, die Sie im Bewusstsein haben. Der Körper ist von Natur aus heil. Er spiegelt natürlich den Zustand des Bewusstseins wider. So hat jede Stelle des Körpers eine bestimmte Aussage. Jeder Körperteil, jedes Organ ist Projektionsfläche für eine bestimmte Disharmonie im Bewusstsein.

Um diese Selbstvergessenheit zu heilen, müssen wir uns nur erinnern, wer wir wirklich sind.

Woher kommt Gott, dessen Ebenbild wir sind?

Bevor Gott war, war Nichts, aber das Nichts war nicht nur die Abwesenheit von Etwas. Dieses Nichts war gleichzeitig das Potenzial für alles. Dann hat dieses Nichts ein Ebenbild geschaffen von sich, den einen Gott. Gott ist also sichtbar gewordenes Nichts, Potenzial für alles, sichtbar manifestiertes Potenzial der Allmacht. Dann schuf Gott, der Schöpfer, die Welt, das Universum als Bühne, und er gestattete einem Teil von sich, als das Viele in Erscheinung zu treten. Der größte Teil blieb Gott, und ein Teil wurde das Viele, und das sind wir:

Was ist der Sinn der ganzen Schöpfung? Die einzige sinnvolle Antwort lautet: dass der/die/das Eine sich selbst erfahren kann.

Um sich selbst erfahren zu können, musste dieses Eine, das als das Viele in Erscheinung trat, erst einmal eine Involution erfinden. Vor der E-volution kommt die In-volution, vor der Ent-faltung die Ein-faltung. Stellen Sie sich vor, Sie falten ein großes Blatt Papier immer mehr zusammen, bis Sie nur noch einen kleinen, zusammengefalteten Würfel haben. Dieses Zusammenfalten ist die Involution. Dann falten Sie alles wieder auseinander. Das ist die Evolution. Involution ist die zunehmende Selbst-Vergessenheit der Schöpfung. Die Evolution beginnt mit der vollkommenen Selbst-Vergessenheit. Auf dem Weg der Evolution wird die Schöpfung sich ihrer selbst bewusst und legt ihre Selbst-Vergessenheit Stück für Stück ab.

Warum musste Gott in der Involution seine Vollkommenheit vergessen? In der Vollkommenheit ist Leben nicht möglich. Leben ist der Ausdruck von ständiger Unvollkommenheit mit der Sehnsucht nach Vollkommenheit. Evolution ist das Streben der Unvollkommenheit und Bewusstlosigkeit zur Vollkommenheit und Bewusstheit. (Das lässt sich im Kleinen bei der Entwicklung jedes Kindes beobachten.)

Gott erkannte sozusagen die Unvollkommenheit der Vollkommenheit. Aber in seiner Vollkommenheit erkannte er im gleichen Augenblick die Vollkommenheit der Unvollkommenheit. Denn in der Unvollkommenheit kann ja Vollkommenheit als Evolution werden.

Erst in der Unvollkommenheit sind Alternativen möglich wie Veränderung, Wachstum, Leben. Um diese Evolution zu ermöglichen, musste Gott zuerst die Involution erschaffen, das Vergessen der Vollkommenheit, die Illusion der Unvollkommenheit jedes Augenblicks. Denn Vollkommenheit kann nicht unvollkommen werden. Involution vergisst ihre Vollkommenheit und tauscht sie gegen die Illusion der Unvollkommenheit ein. Als die Involution beendet und die Schöpfung vollkommen unvollkommen war, das Bewusstsein ihrer selbst vollkommen verloren hatte, konnte die Evolution beginnen.

Jetzt begann das Abenteuer, dass Gott sich selbst entdeckte. Er hatte sich vergessen, und Schritt für Schritt erinnerte er sich wieder. Zuerst wurde er Stein, lag Jahrmillionen in der Gegend herum, konnte von sich aus nichts tun, konnte nicht essen, trinken, sich schlafen legen. Er konnte nichts tun, nur da sein. Millionen Jahre kamen Regen, Schnee, Hitze, Kälte. Irgendwann hat er genug davon erfahren, von dieser Hilflosigkeit, dieser Unvollkommenheit der physischen Existenz, und erfuhr sich in der Pflanze. Jetzt war biologische Evolution möglich: Blüte, Samen, Früchte, Mutationen, Sexualität, Generationen. Aber irgendwann stieß er auch in dieser Erfahrung an die Grenze: Da drüben ist Wasser, hier vertrockne ich. Da ist Sonne, hier verkomme ich. Als Pflanze kann ich meinen Standort nicht wechseln.

Er schuf eine Möglichkeit, seinen Standort zu wechseln, und das Tierreich entstand. Jetzt konnte sich der Gott als Tier in die Sonne legen. Er konnte da trinken und fressen, wo er wollte, konnte auf die Bäume klettern oder es lassen. Aber irgendwann hatte er auch das ausgeschöpft, und er erkannte: Ich kann mir noch nicht meiner selbst bewusst werden. So schuf er den Menschen, mit der Chance, sich an seinen Ursprung zu erinnern, wieder zu Bewusstsein zu kommen. Nicht mehr von Instinkten gesteuert zu werden, sondern die Wahl zu haben und sich entscheiden zu dürfen, aber natürlich auch entscheiden zu müssen.

Dann erschuf er den erwachten Gott, der sich wieder erinnert, der sich seiner Göttlichkeit voll bewusst ist, der in die Allmacht zurückgekehrt ist, der sein geistiges Erbe angetreten hat. In jedem erwachten Menschen wird sich der Schöpfer seiner Schöpfung bewusst, und jeder Erwachte erschafft sich ganz bewusst sein eigenes Universum und die geistigen Gesetze, nach denen sein Universum funktioniert. So gibt es viele Götter und Welten. Doch es ist immer der Eine, der in die Vielfalt gegangen ist. Eines Tages, wenn das Ganze zu Bewusstsein erwacht und wieder zurückgekehrt ist in die Einheit und der Letzte in der Evolution zu sich erwacht ist und wieder ein erwachter Gott ist und erkennt, ich bin ja eins, dann fällt alles wieder zusammen. Der Eine sagt, ich bin ja nur in Erscheinung getreten. Wenn ich aus der Erscheinung austrete, gibt es keine Welt, keinen Gott, keine Schöpfung und keinen Schöpfer mehr.

Da ist wieder das Nichts, das Potenzial für alles, und wenn es bereit ist, beginnt wieder ein neues Spiel des Lebens. Das heißt: Ein Gott kann sich in der Evolution nur an sich erinnern. Er löst Stück für Stück die Illusion auf, die er selbst geschaffen hat, und kehrt wieder in die Wirklichkeit zurück.

Sicherlich kommt Ihnen diese Schöpfungsgeschichte etwas märchenhaft vor. Natürlich sind Involution und Evolution wesentlich komplexer. Was ich Ihnen darstellen will, ist nur der rote Faden.

Sie brauchen mir auch nichts zu glauben. Tun Sie einfach so, als sei alles nur ein Spiel, vielleicht ein Spiel, in dem Sie in einer schmerzhaften Phase sind. Spielen Sie einfach mit! Tun Sie so, als ob Sie die Regeln des Spiels kennen. Spielen lernt man während des Spielens.

Während des Spiels kommen Sie aus der Selbst-Vergessenheit und der Illusion des Ich ins Selbstbewusstsein zurück. Das ist der Weg der Heilung. Kämpfen Sie nicht. Spielen Sie. Kommen Sie in die Leichtigkeit des Spiels, des Lachens, des Humors. Das sind Heilkräfte, die Sie auch mit dieser Art Schöpfungsgeschichte aktivieren können.

Gehen Sie in einer Meditation diesen Weg der Schöpfung nach! Stellen Sie sich vor, Sie sind der Anfang, das Eine ohne etwas anderes. Sie können gar nicht die Frage stellen: Wer bin ich? Ein Sich-Erkennen braucht immer einen Spiegel. Schöpfung beginnt als Spiegel des Schöpfers. Als Erstes erschaffen Sie Lichtwesen um sich, die Engel. Das ist ein erster Abstieg der Involution. Aber dieses Spiel fordert irgendwann einen weiteren Abstieg: Ein Teil der Lichtwesen verliert sein Licht, ein Teil des Himmels wird zur Hölle. Sie steigen ab vom reinen Licht und erschaffen den Schatten, bis Ihre Schöpfung vollkommen in der Dunkelheit verschwindet – wie in einem schwarzen Loch. Das ist die Involution. Dort explodiert eine ungeheure Menge an Energie in einem Punkt und wird zur Evolution.

Erleben Sie in der Meditation, wie die ganze Energie der Dunkelheit sich plötzlich in Form der ursprünglichen Materie erschafft. Erleben Sie Ihre Evolution als die Elemente Luft, Wasser, Feuer und Erde. Erleben Sie sich als Pflanze, als Tier und dann als Mensch. Gehen Sie in der Evolution auch noch einmal die Entwicklung als Embryo, Fötus, Säugling, Kleinkind, Jugendlicher durch. Vollenden Sie in Ihrer Meditation diesen Weg immer weiter: Sehen Sie das Licht in sich wieder leuchten, die Schatten verschwinden, bis am Ende alles in hellem Licht erstrahlt.

So erinnern Sie jede Zelle Ihres Körpers daran, was sie ist, was SIE sind: ein erwachender Gott, eine erwachende Göttin.

Ich erwarte von Ihnen nicht mehr als ein Spiel: Spielen Sie mit sich selbst Involution und Evolution. Erinnern Sie sich daran, wer Sie wirklich sind. Der Tod verschwindet, denn alles ist nur ein ständiges Sich-Wandeln der Energie. Krankheit verschwindet, denn sie ist nur ein Ermahnen, sich der eigenen Vollkommenheit bewusst zu werden und so Heilung geschehen zu lassen. Wer sich selbst heilt, der wirkt damit auch an der Heilung des Planeten mit.

Schluss: Die sieben Schritte zur wahren Heilung

Höher und mächtiger als die Materie ist der Geist, der göttliche Geist. Bitten wir um diesen Glauben und empfinden wir in tiefster Dankbarkeit dieses große Licht in uns und um uns, dann gilt auch für uns das Wort Jesu Christi: »Sei geheilt!«
E.Bierski

Die größte Entdeckung, die man in seinem Leben machen kann, ist zu entdecken: »Wer bin ich? Wer bin ich wirklich?« Zu erkennen: »Ich habe einen Körper, aber ich bin nicht der Körper. Ich habe einen Verstand, ein Gemüt, ein Ego, eine Persönlichkeit usw., aber das alles bin ich nicht.« So machen wir uns unsere verschiedenen Aspekte bewusst und klären: Mit wem identifizieren wir uns?

Wenn wir in den Spiegel schauen, sehen wir einen Körper und können sagen: »Das ist mein Körper.« Wer aber sagt das? Der Körper kann sich ja nicht selbst besitzen. Es muss also jemand in diesem Körper sein, der sagt: »Das ist mein Körper.« Der Körper ist Materie, Materie kann nicht denken, kann nicht fühlen, kann sich nicht erinnern, das kann nur das Bewusstsein. Wir aber können denken, fühlen und uns erinnern, haben Sehnsucht nach unserer eigenen Vollkommenheit. Also sind wir Bewusstsein. Wir sind nicht der Körper, nicht der Verstand, nicht das Gemüt und auch nicht das Unterbewusstsein, nicht der Name, den wir tragen, und auch nicht die Rolle, die wir spielen. Wir sind vollkommenes, unsterbliches Bewusstsein, ein Teil des einen, allumfassenden Bewusstseins, das immer war und immer sein wird. Wir kommen aus der Einheit und sind auf dem Weg über die Vielheit zurück zur Einheit.

Jeder von uns kann sagen: »Ich bin Bewusstsein«, jeder ist ein In-dividuum, ein untrennbarer Teil des einen Bewusstseins, das wir Gott nennen, das weder geboren werden noch alt werden oder sterben kann. Das alles sind Erfahrungen des Körpers, »ICH« aber bin, war immer und werde immer sein. Das Erwachen zu dem einen Bewusstsein führt zur Ehrfurcht vor uns selbst.

Krankheit kann dieses Erwachen fördern. Sie werden immer wieder feststellen können, dass Menschen, die eine schwere Krankheit durchlebt haben, andere Menschen geworden sind. Krankheit ist auch eine Einladung, das Leben noch einmal zu überdenken, ihm eine neue Richtung zu geben.

Dieser Genesungsprozess, diese Heilung vollzieht sich gewöhnlich in sieben Schritten:

1. Schritt: die Bereitschaft zur Konfrontation mit der Krankheit

Zunächst nimmt man eine Krankheit als Störung des »normalen Lebens« wahr und möchte, dass sie so schnell wie möglich verschwindet: Schmerz – Aspirin – Schmerz weg. Wenn die Symptome sich aber hartnäckig halten, dieses »Hau-ab!-Management« versagt, dann sind wir bereit, uns mit der Krankheit wirklich zu konfrontieren (hoffentlich noch, bevor sie chronisch geworden ist). In dieser Phase fühlt man sich als Opfer von Krankheitserregern, unglücklichen Lebensumständen. Da sich der Zustand nicht wirklich verbessert, erkennt man, dass man selbst etwas für die Gesundung tun muss.

2. *Schritt: die Einsicht, dass jede Krankheit eine Botschaft ist*
   Das ist der Anfang der Selbsterkenntnis in Bezug auf die Krankheit (warum passiert ausgerechnet mir das?) und der Bereitschaft, Verantwortung für die Genesung zu übernehmen. Wenn man beginnt, die Körpersprache zu verstehen, kann man eine Liste aller körperlichen Merk-Würdigkeiten seines Lebens erstellen und sich daraus ein eigenes Psychogramm anfertigen: Brille, schlechte Zähne, Haarausfall, Herpes gehören dann auch in diese Liste und nicht nur Krankheiten. Was für ein Mensch ist das, der dieses Körperbild abgibt? Was spiegelt der Körper vom eigenen Bewusstsein?

3. *Schritt: die individuelle Botschaft der Erkrankung erkennen*
   Ist eine Krankheit als Botschaft des Körpers (und letztlich der Seele) verstanden, dann beginnt man, die Krankheit nicht mehr zu bekämpfen, sondern sie verstehen zu wollen. Zu der Entschlüsselung der Botschaft gehören Fragen wie: Welches Körperorgan ist betroffen, und was ist die allgemeine Botschaft des

Körpers? Wie stark und intensiv ist dieses Organ betroffen? Was vermittelt mir die Intensität? Wann ist die Erkrankung zum ersten Mal aufgetreten? Was waren Umstände, Auslöser, Stressfaktoren?

4. Schritt: die persönliche Botschaft der Krankheit annehmen und als verbindlich anerkennen

Daraus ergibt sich nicht nur ein Bild, sondern auch eine Handlungsaufforderung: Wie sollten wir unserem Leben eine neue Richtung geben? Sind wir wirklich bereit, unser Leben zu verändern, oder haben wir schon resigniert? Wie setzen wir die Botschaft der Krankheit in eine neue Lebensweise um?

5. Schritt: die Konsequenz aus der persönlichen Botschaft ziehen und befolgen

Aus dieser Konsequenz müssen wir ein neues Verhalten und veränderte Gewohnheiten schaffen und in unser Leben integrieren. Damit haben wir *einen* Bereich vorläufig oder endgültig geheilt, je nachdem, ob wir das neue Verhalten beibehalten oder doch wieder in alte Gewohnheiten zurückfallen.

Bis hierhin hat Sie mein voriges Buch *Gesund für immer* begleitet. Zur vollkommenen Heilung fehlen noch zwei weitere Schritte. Das ist das Hauptthema dieses Bandes gewesen: *Selbstheilungskräfte aktivieren.*

6. Schritt: den Egoismus als Ursache aller Krankheit erkennen

Denn das Ego, die Illusion des Ich, ist die Trennung von der Ganzheit, von unserer wahren Natur. Das ist die eigentliche Krankheitsursache. Diese fehlende Ganzheit tritt immer wieder über den Körper als

Krankheit in Erscheinung. Es gilt, die Selbst-Vergessenheit zu überwinden, so oft wie möglich »zu Bewusstsein zu kommen« und bei Bewusstsein zu bleiben.

7. Schritt: die Illusion des Ich und die Trennung von der Ganzheit durch »Selbst-Identifikation« beenden
Wir identifizieren uns mit dem Ebenbild Gottes, als das wir geschaffen und von der Schöpfung gemeint sind. Wir sind bereit, im Ein-Klang mit uns selbst und der Schöpfung zu leben. Krankheit als Lehrer auf dem Weg wird nicht mehr gebraucht und verschwindet.

Aber endgültige Heilung geht noch einen Schritt weiter. Ist Ihnen bewusst, dass jede Heilung nur vorläufig sein kann, bis sie auch den Tod zu »heilen« vermag? Wir haben erkannt, dass der Versuch, Krankheiten auf der physischen Ebene zu behandeln, zu oberflächlich ist. Aber es genügt auch nicht, hier noch den geistig-seelischen Bereich hinzuzunehmen und zu heilen. Selbst dann bleibt Heilung letztlich immer noch unvollkommen.

Heil-Sein wird erst erreicht, wenn der Mikrokosmos Geist-Seele-Körper wieder mit dem Ursprung allen Seins vereint wird. Wenn die Illusion des Ichs aufgelöst und die Einheit mit der einen Kraft wiederhergestellt ist. Erst dann ist die Ursache aller Krankheit, die Selbst-Vergessenheit aufgelöst, und die Einheit mit unserem wahren Wesen lässt uns an uns selbst gesunden.

Wir sind am Ziel in der Erkenntnis, der Suchende war der Gesuchte: ICH BIN.

Literaturangaben und Hinweise zur Vertiefung

- Ernest Holmes: *Die Vollkommenheitslehre.* Bauer, Freiburg 1975
- *Das kleine Buch der Bleeps.* Kamphausen, Bielefeld 2006 (Buch zum Film »What the Bleep do we (k)now?!« Aus dieser Quelle stammen auch viele der Kapitelanfangszitate im vorliegenden Buch.)
- K.O. Schmidt: *Der innere Arzt. Einführung in Wesen und Praxis der geistigen Heilung.* Frick, Pforzheim 1971
- K.O. Schmidt: *So heilt der Geist! Wesen und Dynamik des geistigen Heilens.* Drei-Eichen-Verlag, Engelberg und München 1978
- K.O. Schmidt: *Meister Eckeharts Weg zum kosmischen Bewusstsein. Ein Brevier praktischer Mystik.* Drei-Eichen-Verlag, Engelberg und München 1980
- Kurt Tepperwein: *Gesund für immer. Lassen, was dem Körper schadet – tun, was den Körper stärkt – verstehen, was der Körper will.* Goldmann, München 2005
- Kurt Tepperwein: *Die geistigen Gesetze.* Goldmann, München 2002
- Kurt Tepperwein: *Was dir deine Krankheit sagen will. Die Sprache der Symptome.* MVG, Landsberg am Lech 1999
- Kurt Tepperwein: *Du machst mich krank. Die Sprache*

der Symptome erkennen und verstehen. MVG, Landsberg am Lech 1999

- Kurt Tepperwein: *Die Botschaft des Körpers. Die Sprache der Organe.* MVG, Landsberg am Lech 1999
- Kurt Tepperwein: *Drei Heilmeditationen* (CD mit 40 Min. Hörzeit), erhältlich bei www.iadw.com

Im Buchhandel und Internet finden Sie stets brand-aktuelle Themen, sowie zeitlose Wissensschätze von *Kurt Tepperwein!*

Folgende Bücher und E-Books können Sie direkt über den BoD-Verlag (www.bod.de/www.bod.ch) detailliert einsehen, bevor Sie sich für Ihr Wunschthema entscheiden:

- Ab heute bin ich frei!
- Bäume ausreißen! – Trainingsheft für mehr Motivation
- Berufskrise ade! – Frei sein von Arbeitssucht, Stress, Burn-out, Mobbing, Innerer Kündigung und Arbeitslosigkeit Bewusstseinssprung in eine neue Dimension
- Blinddate mit Magen und Darm
- Bring Farbe in dein Leben mit Dankbarkeit
- Bring Farbe in dein Leben mit einem einfachen Lächeln
- Bring Farbe in dein Leben mit Heiterkeit
- Bring Farbe in dein Leben mit Herzensfülle
- Bring Farbe in dein Leben mit Hingabe pur
- Bring Farbe in dein Leben mit Liebesweisheit
- Bring Farbe in dein Leben mit Seelenkraft
- Bring Farbe in dein Leben mit Stille in dir
- Bring Farbe in dein Leben mit Wertschätzung
- Bring Farbe in dein Leben mit Zeitlosigkeit
- Das Buch der Erfolgsgesetze
- Die hohe Schule des Lebens
- Die Kunst mühelosen Lernens
- Die Praxis der geistigen Gesetze
- Die Renaissance der Frauenpower – 7 Schritte zur Liebesfähigkeit
- Du bist wie du bist!
- Ein Leben ohne Ängste und Sorgen? – Trainingsheft für mehr Lebensqualität
- Einfach nur schön
- Endlich wieder FIT! – Trainingsheft zur Gesunderhaltung
- Erwachen zum wahren Sein
- Folge deinem Leitstern
- Frau sein – ganz sein, Mentaltraining für eine neue Weiblichkeit
- Geistheilung durch sich selbst
- Gelassenheit
- Gelebte Achtsamkeit